UNSERE **BESTEN** REZEPTE

KUCHEN
UND GEBÄCK

Stiftung Warentest

1

GEBÄCK
UND KLEINIGKEITEN

2

KUCHEN

OBST

TORTEN

Backe, backe Kuchen

⏱ 20 Min. + 40 Min.
🔥 355 kcal pro Portion

Schnell im Blick: *Zubereitungszeit und Kalorienzahl helfen bei der Auswahl des richtigen Rezepts. Die Zubereitungszeit ist aufgeteilt in die Zeit, in der Sie beschäftigt sind, plus die Zeit, die manche Gerichte für sich selbst benötigen – zum Gehen, Backen, Braten, Gefrieren, Kühlen, Kochen, Marinieren usw. –, die für Sie aber Freizeit ist.*

Mengenangaben	Nährwertangaben
TL: Teelöffel	**E:** Eiweiß
EL: Esslöffel	**Kh:** Kohlenhydrate
Bd.: Bund	**F:** Fett
Pckg.: Packung	**kcal:** Kilokalorien
Msp.: Messerspitze	

Kuchen, Torten, Muffins, Kekse und Co. sind so vielseitig: Egal ob mit Obst, Sahne oder Schokolade, trocken oder bunt verziert, festlich oder sommerlich leicht oder auch herzhaft mit Gemüse – Gebackenes gibt es für jede Gelegenheit und für jeden Geschmack.

Die meisten unserer Rezepte sind ganz leicht und auch für Backneulinge kein Problem. Einige haben es schon etwas in sich – wie die Macarons auf Seite 28– perfekt für alle, die mit ihren Backkünsten beeindrucken wollen!

Einige der berühmten „sieben Sachen", die man für einen Kuchen braucht, lassen sich ganz gut ersetzen, wenn man sie gerade nicht zur Hand hat:

Mehl: Feine Haferflocken gehen ersatzweise für dunkle und helle Mehlsorten. Auch gemahlene Nüsse können Mehl ersetzen. Ihnen fehlt jedoch die stabilisierende Kraft des Klebereiweiß. Die muss durch reichlich Eier, Stärke oder Puddingpulver in den Teig kommen. Auch der Zusatz geschmolzener Schokolade kann dem Kuchen eine festere Konsistenz geben.

Stärke: Im Kuchenteig ist weißes Mehl in gleicher Menge ein Ersatz, zum Andicken sollten Sie etwa die doppelte Menge Mehl rechnen.

Puddingpulver: Statt 1 Packung Puddingpulver nehmen Sie 40 g Stärke plus 1 bis 2 Tüten oder 2 bis 3 EL Vanillezucker (Vanillepudding) oder 1 EL Kakao (Schokoladenpudding).

Nüsse: Anstelle von geriebenen Nüssen für den Teig geht zum Teil auch die gleiche Menge Mehl. Die eine Nussart lässt sich ohne Probleme gegen eine andere austauschen – ganz nach Ihrem Geschmack.

Buttermilch: Joghurt geht auch. Oder Sie machen Sauermilch selbst: 1 Tasse Milch mit 1 EL Zitronensaft oder Essig mischen und etwa 5 Minuten stehen lassen.

Honig oder Sirup: Zucker plus Wasser geht ersatzweise, schmeckt aber etwas anders. Mengenverhältnis: etwa 2 EL Honig gleich 2 EL Zucker plus ½ EL Wasser.

Mascarpone: Nehmen Sie vollfetten Frischkäse (Doppelrahm).

Butter: Statt 100 g Butter gehen im Rührteig auch 75 ml Öl plus 2 EL Milch. Top: raffiniertes Rapsöl.

Eier: Ein Ei kann durch eine halbe, sehr reife Banane ersetzt werden – wenn der Geschmack zum Kuchen passt. Ebenso durch 80 g Apfelmus. Das Mus verliert beim Backen fast vollständig seinen Eigengeschmack.

Grundrezepte der beliebtesten Teigsorten:

Gleichschwerteig: *250 g Butter, 250 g Zucker, 4 Eier (250 g), 250 g Mehl* – Butter und Zucker gut verrühren, Eier einzeln untermischen. Mehl und 1 Prise Salz zufügen, kurz rühren. Bei 180 °C 45 bis 50 Minuten backen.

Leichter Rührteig: *150 g Butter, 150 g Zucker, 2 Eier, 300 g Mehl, 1 Pckg. Backpulver* – Butter, Zucker, Eier und 1 Prise Salz verrühren, Mehl und Backpulver zugeben, alles gut vermengen. – 1

Biskuit: *5 Eier, 125 g feiner Zucker, 75 g Mehl, 50 g Stärke* – Die Eier trennen, Eiweiß mit 1 Prise Salz zu Schnee schlagen, Zucker einrieseln lassen. Erst Eigelb, dann Mehl und Stärke portionsweise unterrühren, aber nicht zu intensiv. Bei 180 °C etwa 35 bis 40 Minuten backen. – 2

Klassischer Mürbeteig (1-2-3-Teig): *100 g Butter, 50 g Zucker, 1 Ei, 200 g Mehl* – Butter, Zucker, Ei und 1 Prise Salz mit Knethaken vermengen, Mehl unterrühren, dann kurz mit den Händen zu einem glatten Teig durchkneten. In Folie wickeln, kalt ruhen lassen. – 3

Hefeteig: *(für 2 Bleche) 500 g Mehl (Type 405), ½–1 Würfel Hefe (von 42 g), ca. 250 ml Milch, 2 gestrichene EL Zucker, 60 g Butter, 1 Prise Salz, abgeriebene Schale einer Zitrone, 1 TL Vanillezucker, 2 Eier* – Die Hefe in einer Tasse mit lauwarmer Milch glatt rühren, einige Zuckerkrümel zufügen. Mit dem Mehl in einer Schüssel verrühren und 15 Minuten gehen lassen. Zucker, Butter, Salz, Zitronenschale und Vanillezucker zufügen und verrühren. Die Eier dazugeben, dann die verbliebene Milch hinzufließen lassen. Den Teig zugedeckt 2 Stunden gehen lassen. Danach den Teig auf einem Holzbrett von Hand durchwalken. – 4

Strudelteig: *(für 4–6 Strudel) 500 g Mehl, ½ TL Salz, 2 EL Öl, 1 großes Ei, ca. 200 ml Wasser* – Mehl, Salz, Öl und Ei in eine Rührschüssel geben. Unter Rühren das lauwarme Wasser zugießen. Den Teig mind. 5 Minuten kneten, dann zu einer Kugel geformt unter einer Schüssel eine halbe Stunde ruhen lassen.

1

GEBÄCK UND KLEINIGKEITEN

Schoko-Bananen-Muffins

Für 16 Stück:

2 Bananen
200 g Mehl
2 EL Kakao, ungesüßt
2 EL Schokostreusel, zartbitter
2 TL Backpulver
50 g Zucker
1 Pckg. Bourbon-Vanillezucker
125 g weiche Butter
3 Eier (Gr. M)

1. Den Backofen auf 180 °C (Ober-/Unterhitze) vorheizen. Es werden 2 Muffinbleche mit Papierförmchen oder 16 separate Muffinförmchen benötigt. Die Förmchen auf dem Backblech verteilen, bei Papierförmchen zwei ineinanderstecken, sonst läuft der Teig aus.

2. Bananen schälen, jeweils in 16 ähnlich große Scheiben schneiden. Alle anderen Zutaten auf einmal mit einem Elektrorührer zunächst auf niedriger Stufe, dann 3 Minuten auf höchster Stufe zu einem glatten Teig rühren. In die Förmchen füllen, auf jedes 2 Bananenscheiben setzen.

3. Im Backofen auf der mittleren Schiene etwa 15 Minuten backen. Die Muffins sollen leicht gebräunt sein.

4. Für noch mehr Schokogenuß die kalten Muffins mit im Wasserbad geschmolzener Schokolade bestreichen.

Pro Stück: 3 g E, 19 g Kh, 10 g F

⏱ 30 Min. + 25 Min.
▭ 275 kcal pro Stück

Rhabarbermuffins mit weißer Schokolade

Für 12 Stück:

350 g Rhabarber
80 g Zucker
100 g weiße Schokolade
350 g Mehl (Type 405)
1 Pckg. Backpulver
1 Prise Salz
2 Eier (Gr. M)
Abrieb von ½ unbeh. Zitrone
200 ml Milch (3,5 % Fett)
100 ml Pflanzenöl
Muffin-Papierförmchen

1. Backofen (E-Herd: 175 °C, Umluft: 150 °C, Gas: Stufe 2) vorheizen.

2. Rhabarber waschen, putzen und in dünne schräge Scheiben schneiden. In eine Schüssel geben und mit 20 g Zucker vermengen.

3. Mit einem Sparschäler dünne Raspeln von der Schokolade für die Garnitur der Schokolade abraspeln und beiseitestellen. Übrige Schokolade fein hacken.

4. Mehl, Backpulver, Salz und Schokolade in einer Schüssel mischen. Eier, Milch, 60 g Zucker und Zitronenabrieb verrühren. Mehlmischung zu der Eiermischung geben. Öl einlaufen lassen und mit den Schnee-besen des Handrührgerätes zu einem glatten Teig verrühren. Rhabar-ber etwas trocken tupfen und unterheben.

5. Teig auf die mit Backförmchen ausgelegten Mulden verteilen. Im Backofen ca. 25 Minuten goldbraun backen.

6. Muffins aus dem Backofen holen. Kurz abkühlen lassen und aus dem Muffinblech heben. Auskühlen lassen und mit den Schokoladen-raspeln garnieren.

Pro Stück: 5 g E, 34 g Kh, 12 g F

Passionsfrucht-Plätzchen

1. Backofen (E-Herd: 175 °C, Umluft: 150 °C, Gas: Stufe 2) vorheizen.

2. Für die Plätzchen Butter, Zucker, Salz und Eigelb und Mehl erst mit den Knethaken des Handrührgerätes, dann mit den Händen zu einem glatten Teig verarbeiten. Teig in Frischhaltefolie wickeln und ca. 30 Minuten kalt stellen.

3. In der Zwischenzeit Passionsfrüchte halbieren, Fruchtfleisch herauskratzen. Passionsfruchtfleisch mit Zucker und Limettensaft in einen Topf geben und bei mittlerer Hitze erwärmen. So lange rühren, bis der Zucker sich aufgelöst hat.

4. Eigelbe und Ei in einer Schüssel mit den Schneebesen des Handrührgerätes schaumig schlagen. Unter Rühren die warme Passionsfrucht-Mischung nach und nach zu den Eiern geben. Butter in feine Würfel schneiden und unterrühren. Die Passionsfruchtmasse zurück in den Topf geben und unter ständigem Rühren bei niedriger Hitze vorsichtig erhitzen, bis die Masse andickt. Mit Frischhaltefolie abdecken und abkühlen lassen.

5. Teig erneut verkneten und auf einer bemehlten Arbeitsfläche dünn ausrollen. Mithilfe eines runden Ausstechers ca. 50 Kreise mit einem Durchmesser von ca. 6 cm ausstechen. Aus der Hälfte der ausgestochenen Teigkreise noch einmal mit einem kleineren Ausstecher mittig einen Kreis von ca. 3,5 cm ausstechen. Teigkreise auf mit Backpapier ausgelegte Backbleche mit Abstand setzen und im Backofen ca. 8 Minuten goldbraun backen. Plätzchen aus dem Backofen nehmen und abkühlen lassen.

6. Je 2 TL Passionsfrucht-Füllung auf die Hälfte der Kekse geben. Je ein Lochkeks auf einen Keks mit Füllung setzen und leicht andrücken.

Pro Stück: 2 g E, 15 g Kh, 8 g F

Für 25 Stück:
Plätzchenteig
125 g Butter
60 g Zucker
1 Prise Salz
1 Eigelb (Gr. M)
250 g Mehl (Type 405)
Mehl zum Ausrollen
Frischhaltefolie
Passionsfrucht-Füllung
4 Passionsfrüchte (ca. 75 g ausgekratztes Fruchtfleisch)
125 g Zucker
1 EL Limettensaft
2 Eigelb (Gr. M)
1 Ei (Gr. M)
80 g Butter

Brownies –
Pralinen vom Blech

Für 1 Blech:

6 Eier

500 g Zucker

600 g dunkle Schokolade
(50 % Kakaoanteil)

120 g Butter

180 g Mehl

1. Ofen auf 170 °C vorheizen. Eier und Zucker schaumig rühren, bis sich der Zucker gelöst hat.

2. Schokolade in Stücke brechen, im Wasserbad schmelzen, dabei je 100 g Schokolade 1 EL Wasser und 20 g Butter dazugeben. Geschmolzene Schokolade nach und nach mit der Zucker-Ei-Mischung verrühren. Vorsichtig das Mehl untermischen.

3. Schokomasse auf ein gut gefettetes Backblech mit hohem Rand (Fettpfanne) geben. Im vorgeheizten Ofen auf der untersten Position 25 bis 30 Minuten backen (Umluft ist nicht gut geeignet). Der Teig muss in der Mitte noch leicht einzudrücken und feucht-cremig sein. Bei Zimmertemperatur abkühlen lassen.

Pro Blech: 90 g E, 950 g Kh, 320 g F

Tipp: *Etwas ungewöhnlich, aber sehr interessant: Nehmen Sie 50 bis 75 g weniger Zucker und geben dafür 2 bis 3 TL frische oder getrocknete Kräuter (Rosmarin, Thymian, Lavendel) dazu. Oder: Mit 1 bis 2 TL Chiliflocken erzielen Sie einen feinen Schoko-Chili-Effekt.*

Bananenküchlein

1. Den Backofen auf 100 °C (Ober-/Unterhitze) vorheizen. Das Mehl mit Backpulver, Vanillezucker und einer Prise Salz mischen. Mit einem Schneebesen zuerst die Eier nacheinander unterrühren, dann die Milch. Bananen schälen, in etwa 1 cm dicke Scheiben schneiden und mit etwas Zitronensaft beträufeln.

2. In einer großen Pfanne 1 EL Öl oder Butter erhitzen, für 4 bis 5 kleine Pfannkuchen je 1 EL Teig hineingeben, sofort 4 bis 5 Bananenscheiben darauflegen, bei mittlerer Hitze 2 bis 3 Minuten backen, wenden, noch einmal 1 bis 2 Minuten backen. Die Pfannkuchen im Ofen warm stellen. Erneut Öl oder Butter erhitzen und bis der Teig verbraucht ist, Pfannkuchen ausbacken. Zum Servieren je einen Klecks Joghurt daraufgeben, darüber etwas Agavendicksaft.

Pro Stück: 4 g E, 16 g Kh, 5 g F

Info: *Backpulver macht den Teig fluffiger. Das ist gut, wenn Obst mitbäckt. Die Alternative: statt Milch Mineralwasser mit Kohlensäure.*

Mehl mit mehr Vollkornanteil (Type 1050) braucht zum Quellen zusätzlich Flüssigkeit (2 bis 3 EL) und Zeit, insgesamt 15 Minuten.

Für 16 kleine Pfannkuchen:
200 g Weizenmehl, Type 405 oder 1050
1 TL Backpulver
1 Pckg. Bourbon-Vanillezucker
1 Prise Salz
4 Eier (Gr. M)
400 ml Milch
3 reife Bananen
Saft von ½ Zitrone
2–3 EL Rapsöl (oder Butter)
50 ml Agavendicksaft (oder Honig)
150 g Naturjoghurt

Brioche

Für 2 Brioscheformen (à ca. 1,2 l):

500 g Mehl
½ Würfel Hefe
2–3 EL Milch
2 EL Zucker
6 Eier
1 Prise Salz
250 g zimmerwarme, weiche Butter
Mehl für die Arbeitsfläche
Butter für die Formen
1 Eigelb
3 EL Sahne oder Milch
1 Prise Salz

Pro St. (bei 20): 5 g E, 21 g Kh, 14 g F

1. Das Mehl in eine Rührschüssel geben. Die Hefe in einer Tasse mit der lauwarmen Milch und einigen Zuckerkrümeln verrühren und in das Mehl schütten. Zugedeckt 15 Minuten stehen lassen, bis die Hefe zu einem dicken, festen Schaum geworden ist.

2. Dann zunächst 4 Eier und den restlichen Zucker zufügen und mit den Knethaken des Handrührgeräts langsam die Zutaten mischen. Sobald sie sich zu dicken Krümeln verbinden, die beiden restlichen Eier zufügen. Diesen Teig 15 Minuten durchmengen, bis er ganz weich geworden ist. Die weiche Butter in 20 bis 22 Stückchen schneiden, sie einzeln zufügen, dabei die Geschwindigkeit etwas erhöhen und den Teig kräftig kneten. Wenn er die gesamte Buttermenge aufgenommen hat, noch weitere 2 bis 3 Minuten (auf höchster Stufe) durcharbeiten.

3. Schließlich den Teig mit bemehlten Händen aus der Schüssel heben, auf der bemehlten Arbeitsfläche nochmals durchwalken.

4. Zu einer Kugel formen, in eine große, mit Mehl ausgestaubte Schüssel betten. Zugedeckt 1 bis 2 Stunden bei Zimmertemperatur gehen lassen. Dann nochmals durchwalken, jetzt klebt der Teig nicht mehr, trotzdem immer nur mit bemehlten Händen anfassen. Erneut zu einer Kugel formen und in der Schüssel zugedeckt gehen lassen.

5. Dies am besten nach 2 Stunden nochmals wiederholen, bevor der Teig in einen großen Gefrierbeutel gepackt wird – genügend Raum lassen, damit er aufgehen kann. Den Beutel mit einer Klammer oder einem Gummiband verschließen. In die Schüssel betten und über Nacht in den Kühlschrank stellen.

6. Am nächsten Tag 2 Stunden lang bei Zimmertemperatur gehen lassen, dann nochmals durchwalken. Dann ein Viertel des Teigs abnehmen und wiederum halbieren, jede Portion nochmals durchkneten und zur Kugel formen. Die übrigen Viertel ebenfalls halbieren, durchkneten und zu Kugeln formen.

7. Die größeren Kugeln jeweils in eine mit Butter ausgestrichene Briocheform betten. In die Mitte der Oberfläche mit dem Finger eine 2 cm tiefe Mulde drücken. Dort hinein je eine kleine Kugel setzen und ein wenig festdrücken.

Tipp: *Natürlich kann man den Brioche auch in einer Kastenform backen.*

8. Das Eigelb mit Sahne oder Milch und einer Salzprise verquirlen, die Oberfläche der Brioches damit gleichmäßig einpinseln. Im 200 °C heißen Ofen mit Umluft ca. 35 Minuten und bei Ober-/Unterhitze ca. 40 Minuten backen. Falls die Brioches dabei zu dunkel werden, Alufolie locker darüberbreiten – glänzende Seite nach oben.

9. Die Brioches gleich aus ihrer Form kippen und aufrecht auf Kuchengittern abkühlen lassen.

Franzbrötchen

1. Backofen (E-Herd: 200 °C, Umluft: 175 °C, Gas: Stufe 3) vorheizen.

2. 100 ml Milch erwärmen. Mehl in eine Schüssel geben, in die Mitte eine Mulde drücken und die Hefe hineinbröckeln. 25 g Zucker und lauwarme Milch zufügen und zu einem dicken Teig verrühren. Zugedeckt 15 Minuten gehen lassen.

3. Die restlichen 100 ml Milch erwärmen und zusammen mit 75 g weicher Butter in Stückchen, 75 g Zucker und Salz zum Vorteig in die Schüssel geben und mit den Knethaken des Handrührgerätes zu einem glatten Hefeteig verkneten. Zugedeckt nochmals ca. 40 Minuten gehen lassen.

4. 50 g Butter schmelzen, 75 g Zucker und Zimt mischen. Ei trennen. Eigelb und Sahne verrühren.

5. Hefeteig auf bemehlter Arbeitsfläche zu einem Rechteck (45 cm × 30 cm) ausrollen. Teigplatte mit lauwarmer, flüssiger Butter bestreichen und gleichmäßig mit der Zucker-Zimt-Mischung bestreuen. Hefeteig von der Längsseite fest aufrollen. Teigkante mit Eiweiß bestreichen und gut andrücken. Rolle in 3 bis 4 cm breite Scheiben schneiden und diese der Länge nach mit einem Kochlöffelstiel kräftig eindrücken.

6. Franzbrötchen auf ein mit Backpapier ausgelegtes Backblech legen und zugedeckt nochmals 15 bis 20 Minuten gehen lassen. Dann mit Eigelb bestreichen. Im Backofen 10 bis 15 Minuten backen. Auskühlen lassen.

Pro Stück: 6 g E, 46 g Kh, 10 g F

Für 12 Stück:

200 ml Milch (3,5 % Fett)
500 g Mehl (Type 405)
1 Würfel Hefe
175 g Zucker
125 g Butter
1 Prise Salz
2 EL gemahlener Zimt
1 Ei (Gr. M)
1 EL Schlagsahne
Mehl für die Arbeitsfläche
Backpapier

⏱ 15 Min. + 15 Min.
🔥 150 kcal pro Stück

Für 16 Stück:

1 kleine Möhre

1 kleiner säuerlicher Apfel

1 TL Zitronensaft

50 ml Apfelsaft

100 g weiche Butter

80 g Honig

2 Eier (Gr. M)

100 g Mehl

2 TL Backpulver

1 Prise Zimt

100 g Müsli,
ohne gepoppte Knusperanteile

50 g gehackte Nüsse

Müsli-Muffins

1. Den Backofen auf 180 °C (Ober-/Unterhitze) vorheizen. Es werden 2 Muffinbleche mit Papierförmchen oder 16 separate Muffinförmchen benötigt. Die Förmchen auf dem Backblech verteilen, bei Papierförmchen zwei ineinanderstecken, sonst läuft der Teig aus.

2. Möhre und Apfel waschen, den Apfel vierteln, das Kerngehäuse entfernen. Möhre und Apfelviertel grob raspeln. Den Zitronen- und Apfelsaft unter die Apfelraspel rühren.

3. Ein Ei trennen, Eiweiß anderweitig verwenden. Erst die weiche Butter mit dem Honig cremig rühren, dann 1 Ei und 1 Eigelb unterrühren.

4. Mehl mit Backpulver, Zimt, Müsli und Nüssen unter den Buttermix mischen. Dann Apfel und Möhren unterrühren.

5. Den Teig in die Förmchen verteilen: Mit einem Esslöffel den Teig einfüllen, mit einem zweiten abstreifen.

6. Im Backofen auf der mittleren Schiene etwa 15 Minuten backen. Die Muffins sollen leicht gebräunt sein.

Pro Stück: 2 g E, 11 g Kh, 9 g F

Haselnuss-Gugelhüpfchen

⏱ 15 Min. + 10 Min.
🔲 168 kcal pro Stück

Für 12 Stück:

125 g Butter
125 g Zucker
4 Eiweiß
50 g geröstete Haselnüsse
40 g Mehl
1 EL Himbeerlikör
1 TL Honig
Puderzucker
außerdem: 1 Muffinblech mit 12 Gugelhupf-Vertiefungen

Pro Stück: 2 g E, 14 g Kh, 11 g F

1. Die Butter aufkochen, bis sie nach Haselnuss duftet, den Topf zum Abkühlen in kaltes Wasser stellen. Die Förmchen mit etwas von dieser Butter sorgfältig auspinseln.

2. Zucker und Eiweiß mit einem Kochlöffel rühren, nicht schaumig schlagen, bis der Zucker aufgelöst ist. Die Haselnüsse im Zerhacker zu Pulver mixen, das Mehl untermischen und unter das Eiweiß rühren. Jetzt auch Likör und Honig in die Masse einarbeiten. Nach und nach die flüssige Butter unterrühren, immer nur so viel angießen, wie die Masse aufnimmt.

3. In die Förmchen verteilen. Bei 190 °C Heißluft ca. 10 Minuten backen, bis die Törtchen hochgegangen und goldbraun geworden sind.

4. Gleich aus den Förmchen lösen, mit Puderzucker bestäubt zu Desserts oder zum Kaffee oder Espresso servieren.

Tipp: *Rösten Sie die Haselnüsse auf einem Blech etwa 10 Minuten bei 200 °C, bevor sie gemahlen werden. Dann in ein Tuch schütten, die Nüsse kräftig rubbeln, so wird ein Gutteil der Haut entfernt, sie verlieren alle Bitterkeit, werden süß und aromatisch.*

Kleine Mandel-Schoko-Brote

1. Backofen (E-Herd: 150 °C, Umluft: 125 °C, Gas: Stufe 1) vorheizen.

2. Schokolade sehr fein hacken. Eier trennen. Eigelb mit 150 g Puderzucker, Salz, Amaretto und Zimt mit den Schneebesen des Handrührgerätes schaumig rühren.

3. Mandeln, Schokolade, Mehl und Orangenschale mischen.

4. Eiweiß mit den Schneebesen des Handrührgerätes steif schlagen. Eischnee mit dem Mandelgemisch unter die Eigelbmasse heben. Für ca. 30 Minuten kalt stellen.

5. Zwei Backbleche mit Backpapier auslegen. Aus der Masse ca. 30 kleine Brote formen. In dem übrigen Puderzucker wälzen. Nebeneinander mit etwas Abstand auf Backbleche setzen und im Backofen ca. 20 Minuten backen.

Für 30 Stück:

150 g Zartbitterschokolade (70 % Kakaoanteil)
2 Eier + 1 Eigelb (Gr. M)
225 g Puderzucker
1 Prise Salz
1 EL Amaretto
1 TL Zimt
250 g gemahlene Mandeln
40 g Mehl (Type 405)
Abrieb von ½ unbeh. Orange
außerdem: Backpapier

Pro Stück: 3 g E, 11 g Kh, 6 g F

Haselnussplätzchen

Für 45 Stück:

Teig

50 g Mehl

1 gestrichener TL Backpulver

125 g Haselnüsse, gemahlen

150 g kernige Haferflocken

90 g Zucker

1 Pckg. Vanillezucker

1 Ei (Gr. M)

1 Prise Salz

125 g weiche Butter oder Margarine

abgeriebene Schale von 1 unbeh. Zitrone

je 1 Msp. Zimt, Kardamom und Anis

zum Garnieren

125 g Schokoladenkuvertüre (z. B. Vollmilch)

25 ganze Haselnusskerne oder abgezogene Mandeln

1. Mehl, Backpulver, Haselnüsse, Haferflocken, Zucker, Vanillezucker, Ei und Salz in eine Schüssel geben. Butter oder Margarine und Zitronenschale und Gewürze zufügen.

2. Mit dem Handrührgerät erst auf kleinster Schaltstufe, dann auf höchster Schaltstufe verrühren. Den Teig 15 Minuten kalt stellen.

3. Inzwischen den Backofen auf 150 °C (Umluft: 130 °C, Gas: Stufe 1) vorheizen.

4. Auf ein mit Backpapier ausgelegtes Backblech mithilfe eines Teelöffels im Abstand von 6 bis 8 cm kleine Teighäufchen setzen. Im vorgeheizten Backofen, mittlere Schiene, etwa 15 bis 20 Minuten backen.

5. Nach dem Backen die Plätzchen auf einem Kuchenrost auskühlen lassen.

6. Zum Garnieren die Kuvertüre im Wasserbad auflösen. Die Plätzchen halb oder ganz mit der Schokoladenkuvertüre überziehen oder in der Mitte mit einem Klecks Kuvertüre und einer gehäuteten, halbierten Nuss oder Mandel garnieren.

Pro Stück: 1 g E, 5 g Kh, 5 g F

Tipps: Der Teig sollte nicht zu lange gerührt werden, er wird sonst zäh.

Beim ersten Backblech im nicht vorgewärmten Backofen sollten etwa 5 bis 10 Minuten Backzeit zugegeben werden.

Plätzchen erhalten eine glänzende Oberfläche, wenn sie vor dem Backen mit Eigelb, mit etwas Wasser verdünnt, bestrichen werden.

Blaubeer-Mandel-Pfannkuchen

1. Den Herd auf 100 °C (Ober-/Unterhitze) vorheizen. Mit dem Schnee-besen erst die Eier nacheinander unter das Mehl rühren, dann Milch oder Wasser, schließlich Mandeln, Vanillezucker und eine Prise Salz. Den Teig mindestens 10 Minuten quellen lassen.

2. In einer großen Pfanne 2 EL Öl oder Butter erhitzen, je 1 Kelle Teig (etwa 150 ml) hineingeben, 1 bis 2 EL Blaubeeren darauf verteilen. Bei mittlerer Hitze 2 bis 3 Minuten goldbraun backen, wenden, 1 bis 2 Mi-nuten backen, im Herd warm stellen. Mit Puderzucker bestreuen und mit Crème fraîche oder Vanilleeis servieren.

P. St. (bei 8): 10 g E, 28 g Kh, 16 g F

Info: *Wichtig für einen klümpchenfreien Teig: Zuerst die Eier nach-einander untermischen, dann die Flüssigkeit, egal ob Milch oder Wasser. Außerdem sollte man dem Mehl 10 Minuten Zeit zum Quellen lassen.*

Für 6–8 Stück:
4 Eier (Gr. M)
200 g Mehl (Type 405 oder 1050)
400 ml Milch (oder Mineralwasser mit Kohlensäure)
3 EL gehobelte Mandeln
1 Pckg. Bourbon-Vanillezucker
1 Prise Salz
2 EL Rapsöl (oder Butter)
250 g Blaubeeren (Heidelbeeren), tiefgefroren
1–2 EL Puderzucker
100 g Crème fraîche (oder 2 Kugeln Vanilleeis)

⏱ 30 Min. + 30 Min.
🔥 60 kcal pro 2 Hälften

Macarons

Für ca. 50 Hälften:

Baiser

85 g Mandeln, gemahlen

180 g Puderzucker

2 Eiweiß

1–2 TL Kakao

Füllung

Johannisbeer-Fruchtaufstrich

Himbeergelee

Nussnougatcreme

Pro 2 Hälften: 1 g E, 6 g Kh, 2 g F

1. Die gemahlenen Mandeln in einer Schüssel mit einem Löffel gut mit 50 g Puderzucker vermischen, sodass keine Klümpchen mehr sichtbar sind. Das Eiweiß mit 1 Prise Salz etwa 1 Minute aufschlagen, bis es fest und schaumig ist. Esslöffelweise den restlichen Puderzucker dazugeben und weiterschlagen, bis sich der Zucker völlig gelöst hat und die Masse weiß und glänzend ist. Das mit Zucker vermischte Mandelmehl mit einem Löffel unterrühren, sodass eine glatte Masse entsteht. Für Schoko-Macarons unter die Hälfte der Masse 1 bis 2 gehäufte TL Kakao mischen.

2. Zwei Backbleche mit Backpapier auslegen. Einen Spritzbeutel, ersatzweise einen Gefrierbeutel mit abgeschnittener Spitze, etwa zur Hälfte mit der Baisermasse füllen, bei Bedarf nachfüllen. Damit im Abstand von 2 bis 3 cm Tupfen mit einem Durchmesser von je 3 bis 4 cm auf die Bleche setzen. Geben Sie die kakaobraune Baisermasse ruhig mit den Resten der weißen in den Spritzbeutel. Das ergibt erst ein Streifenmuster, später ganz braune Tupfen. Die Macarons mindestens 15 Minuten stehen lassen, dabei wird die Oberfläche glatter und trocknet etwas an. Sie können aber auch gut eine Stunde stehen bleiben.

3. Den Ofen auf 150 °C vorheizen. Die Bleche mit den Macarons nacheinander auf mittlerer Schiene einsetzen, ca. 15 Minuten backen, sodass sich unten die sogenannten Füßchen bilden.

4. Macarons mit dem Backpapier vom Blech ziehen, auskühlen lassen, vom Backpapier nehmen und am besten einen Tag trocknen lassen. Je eine Hälfte mit Konfitüre oder Creme bestreichen, die andere daraufsetzen. Gefüllt halten sie etwa 3 Tage, ungefüllt in einer Keksdose monatelang.

Tipps: *Macarons sind empfindlich, und jeder Herd ist anders. Eine Backalternative: Bei 90 °C Umluft etwa 6 Minuten backen, auf 180 °C (Ober-/Unterhitze) hochschalten, weitere 6 Minuten backen.*

Einige Tropfen Backfarbe im Baiser machen die Macarons rosa, blau oder grün. Für gefärbte Creme 100 g weiße Schokolade oder Kuvertüre schmelzen, mit 4 EL Schlagsahne aufschlagen. Backfarbe dazugeben, eventuell noch je 1 TL Zitronensaft und Frischkäse.

Apfel-Zitronen-Muffins

Für 16 Stück:

1 unbeh. Zitrone

2 Äpfel, süßsauer, etwa 200 g
(wie Cox Orange, Boskop)

150 g Mehl

2 EL Haferflocken

2 TL Backpulver

50 g Zucker

1 Pckg. Bourbon-Vanillezucker

125 g weiche Butter

2 Eier (Gr. M)

Pro Stück: 3 g E, 21 g Kh, 9 g F

1. Den Backofen auf 180 °C (Ober- / Unterhitze) vorheizen. Es werden 2 Muffinbleche mit Papierförmchen oder 16 separate Muffinförmchen benötigt. Die Förmchen auf dem Backblech verteilen, bei Papierförmchen zwei ineinanderstecken, sonst läuft der Teig aus.

2. Die Zitrone abreiben und ausdrücken. Äpfel waschen, vierteln und entkernen, in kleine Würfel schneiden, mit dem Zitronensaft und Abrieb vermischen.

3. Alle anderen Zutaten auf einmal mit dem Rührgerät zunächst auf niedriger Stufe, dann 3 Minuten auf höchster Stufe zu einem glatten Teig rühren. Die Apfelwürfel zugeben, kurz auf kleinster Stufe unterrühren.

4. Den Teig in die Förmchen verteilen: Mit einem Esslöffel den Teig einfüllen, mit einem zweiten abstreifen.

5. Im Backofen auf der mittleren Schiene etwa 15 Minuten backen. Die Muffins sollen leicht gebräunt sein.

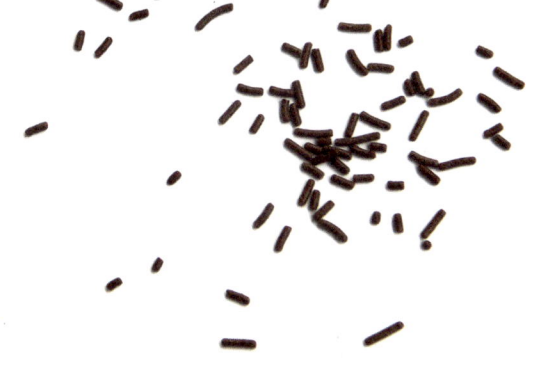

⏱ 15 Min. + 15 Min.
🔥 190 kcal pro Stück

Schoko-Frischkäse-Muffins

1. Den Backofen auf 180 °C (Ober-/Unterhitze) vorheizen. Es werden 2 Muffinbleche mit Papierförmchen oder 16 separate Muffinförmchen benötigt. Die Förmchen auf dem Backblech verteilen, bei Papierförmchen zwei ineinanderstecken, sonst läuft der Teig aus.

2. Sämtliche Zutaten – bis auf den Frischkäse – mit dem Rührgerät erst kurz auf kleinster Stufe, dann 3 Minuten auf höchster Stufe zu einem glatten Teig rühren.

3. Je 1 EL Teig in die Förmchen geben, dann mithilfe von 2 Teelöffeln kleine Nocken Frischkäse abstechen und in die Förmchen setzen, die Löffel dabei immer wieder in warmes Wasser tauchen. Den restlichen Teig darauf verteilen.

4. Im Backofen auf der mittleren Schiene etwa 15 Minuten backen. Die Muffins sollen leicht gebräunt sein.

Pro Stück: 5 g E, 20 g Kh, 12 g F

Für 16 Stück:
200 g Mehl
2 EL Kakao, ungesüßt
2 TL Backpulver
50 g Zucker
1 Pckg. Bourbon-Vanillezucker
100 g weiche Butter
50 g Schokostreusel, Vollmilch
50 g Schokostreusel, zartbitter
50 g weiße Schokostreusel
3 Eier (Gr. M)
200 g Frischkäse (ca. 13 % Fett i. Tr.)

Holländischer Honigkuchen

Für 1 Kastenform (30 cm), 16 Stück:

100 g Zartbitterschokolade (70 %)

250 g flüssiger Honig

2 Eier (Gr. M)

1 Prise gemahlene Gewürznelken

½ TL Zimt

1 Prise Kardamom

125 g brauner Zucker

250 g Mehl (Type 405)

2 TL Backpulver

100 g gehackte Mandeln

100 g gehackte Haselnüsse

Fett für die Form

1. Backofen (E-Herd: 175 °C, Umluft: 150 °C, Gas: Stufe 2) vorheizen.

2. Schokolade grob hacken. Honig, Eier und Gewürze verrühren. Zucker zugeben und mit den Schneebesen des Handrührgerätes cremig rühren. Mehl, Backpulver und Schokolade mischen und unterrühren. Mandeln und Haselnüsse unterheben.

3. Eine Kastenform ausfetten. Teig einfüllen und glatt streichen.

4. Im Backofen ca. 60 Minuten goldbraun backen.

5. Aus dem Backofen holen, 10 Minuten abkühlen lassen und auf ein Kuchengitter stürzen. Abkühlen lassen und in Scheiben schneiden.

Pro Stück: 5 g E, 22 g Kh, 26 g F

Herzhafte Maismuffins

1. Backofen auf 180 °C vorheizen. Muffinblech fetten und kalt stellen. Käse entrinden. 12 Cashewkerne beiseitelegen, die übrigen hellbraun rösten und fein hacken.

2. Möhren und Ingwer waschen und schälen. Alles fein reiben. Beide Mehlsorten in eine Schüssel geben und mit Backpulver, Salz, Pfeffer und Muskatnuss mischen. Möhre, Ingwer, Käse sowie die gehackten Nüsse hinzufügen und vermengen.

3. Die Eier in einer anderen Schüssel mit Öl und Joghurt verquirlen und unter den Mehlmix ziehen. Den Teig in die Blechvertiefungen einfüllen. Je einen Cashewkern obenauf setzen. Im Backofen (Mitte, Umluft) bei 160 °C 20 Minuten backen.

4. Die Muffins aus dem Ofen nehmen und im Backblech 5 Minuten ruhen lassen und anschließend aus den Förmchen nehmen. Schmecken warm und kalt.

Pro Stück: 6 g E, 19 g Kh, 10 g F

Varianten: *Statt mit Ingwer mit Chili, Tabasco oder mit scharfem Paprikapulver würzen.*

Für eine süße Version verwenden Sie nur ½ TL Salz und dafür 2 EL Rohrzucker oder Honig. Dazu passen Mangos oder Kakis.

Für 12 Stück:
Fett für die Form
50 g würziger Hartkäse (z. B. Manchego)
80 g Cashewkerne
2 Möhren (150 g)
5 cm Ingwerwurzel
100 g Mehl (Type 405)
150 g Maismehl
2½ TL Backpulver
2 TL Salz
Cayennepfeffer
geriebene Muskatnuss
2 Eier
60 ml Rapsöl
300 g fettarmer Joghurt

Für 30 Stück:

100 ml Apfelsaft

200 g Backpflaumen, verzehrfertig

2 Eier

200 ml Rapsöl

250 g Dinkelvollkornmehl

2 TL Backpulver

2 TL gemahlener Zimt

½ TL Salz

400 g Möhren

100 g Walnüsse

150 g Honig

Guss

100 g Quittengelee

1 EL Orangensaft

½ TL abgeriebene Orangen-schale

Rüblischnitten

1. Backofen auf 180 °C vorheizen. Ein tiefes Blech mit Backpapier auslegen. Apfelsaft erhitzen, Pflaumen darin einweichen.

2. Eier trennen, Eiweiße steif schlagen. Eigelbe in eine Schüssel geben und Öl im dünnen Strahl unterschlagen. Mehl mit Backpulver dazu-sieben, Zimt und Salz unterrühren.

3. Möhren schälen und fein reiben. Walnüsse fein hacken. Beides unter den Teig mischen. Den Honig zum Obst geben, pürieren und unter den Teig rühren. Zum Schluss den Eischnee unterziehen.

4. Die Masse mit einem Teigschaber gleichmäßig auf dem Blech ver-teilen. Im Ofen auf der mittleren Schiene 30 Minuten backen. Aus-kühlen lassen.

5. Für den Guss das Quittengelee erwärmen und mit Orangensaft und -schale verrühren. Mit einem Backpinsel verteilen.

Pro Stück: 2 g E, 16 g Kh, 3 g F

2

KUCHEN

Nuss-Schoko-Kuchen mit Ingwer

⏱ 25 Min. + 90 Min.
🔥 345 kcal pro Stück

1. Ofen auf 180 °C vorheizen. Eine Kastenform mit Backpapier auslegen.

2. Die Schokolade mit einem großen Messer hacken. 150 g Haselnüsse im Blitzhacker fein zerkleinern, den Rest gröber hacken, ebenso den kandierten Ingwer. Die gemahlenen Nüsse, Mehl und Kardamom mischen.

3. Die Eier trennen. Erst das Eiweiß mit einer Prise Salz steif schlagen. Dann das Eigelb mit dem Zucker, der weichen Butter und dem Rum schaumig rühren. Den Eischnee unterziehen, dann den Mehl-Nuss-Mix, zum Schluss die Schokostückchen, gehackte Nüsse und Ingwer.

4. Etwa 90 Minuten auf der mittleren Schiene backen, nach 60 Minuten auf 150 °C runterschalten. Aus der Form lösen und abkühlen. Danach mit Schokoladenglasur überstreichen. Dazu Schokolade mit je 1 EL kaltem Wasser und Butter bei niedriger Temperatur schmelzen.

Pro Stück: 4 g E, 17 g Kh, 26 g F

Tipps: *Am wenigsten Aufmerksamkeit erfordert das Schmelzen der Schokolade im Wasserbad. Sie können sie auch im Mikrowellengerät bei niedriger Wattzahl schmelzen (alle 30 Sekunden umrühren). Ebenfalls möglich: einen beschichteten Topf erhitzen, von der Herdplatte nehmen, Schokolade hineingeben und genau beobachten, damit nichts anbrennt.*

Lassen Sie den Kuchen ein, zwei Tage durchziehen, das macht ihn aromatischer. Die Schokodecke hält ihn lange frisch.

Für 1 Kastenform (30 cm), 15 Stücke:

Teig

200 g Schokolade, dunkel (etwa 50 % Kakaoanteil)
200 g Haselnüsse (oder 150 g gemahlene plus 50 g gehackte)
50–80 g kandierter Ingwer, gehackt
100 g Mehl
½ TL Kardamom, gemahlen
6 Eier
200 g Zucker, braun
200 g Butter, weich
2 EL Rum

Glasur

100 g Schokolade
1 EL Butter

⏲ 15 Min. + 30 Min.
🔥 413 kcal pro Stück

Mohnkuchen

**Für 12 Stücke,
1 Springform (ø 24 cm):**

5 Eigelb
50 g Puderzucker
1 EL Vanillezucker
200 g weiche Butter
1 EL Rum
1 EL Zitronenlikör
½ unbeh. Zitrone
200 g Mandeln
200 g Mohn
5 Eiweiß
130 g Zucker
Puderzucker zum Bestäuben

Pro Stück: 11 g E, 20 g Kh, 31 g F

1. Eigelb und Puderzucker mit dem Handmixer zu einer dicken, weißen Creme schlagen. Stückchenweise die zimmerwarme Butter zufügen. Unter die sahnige Creme Rum, Zitronenlikör und abgeriebene Zitronenschale rühren, noch so lange schlagen, bis die Creme glänzt und steif ist. Erst jetzt die im Mixaufsatz oder im elektrischen Zerhacker fein gemahlenen Nüsse und den ebenfalls fein gemahlenen Mohn unterrühren. Ganz zum Schluss die 5 Eiweiße, am besten in einer zweiten Rührschüssel, mit dem Schneebesen zu festem Schnee schlagen, dabei löffelweise den Zucker hinzurieseln lassen.

2. Eischnee portionsweise unter die Mandel-Mohn-Masse rühren: Zuerst etwa ein Drittel unterheben, um die Masse aufzulockern. Dann den Rest in 2 Portionen behutsam untermischen. Am besten mit einem großen Gummi- oder Teigschaber die gesamte Masse von unten nach oben umwälzen, bis alles aufgelockert ist.

3. Die Masse sofort in die sorgfältig mit Butter ausgestrichene Form füllen.

4. Im auf 170 °C vorgeheizten Backofen bei Ober- und Unterhitze (Heißluft nicht mehr als 155 °C) eine gute Stunde backen.

5. Aus der Form lösen, auf ein Kuchengitter stürzen und auskühlen lassen. Die glatte Unterseite ist jetzt die Oberseite. Vor dem Servieren dick mit Puderzucker einstäuben.

Tipp: Die Stäbchenprobe zeigt an, ob der Kuchen durchgebacken ist: An der dicksten Stelle ein Holzstäbchen bis zum Boden hineinpieken, sofort an die Lippe halten – wenn dieses Stäbchen absolut trocken ist, sauber und warm, ist der Kuchen gar.

Mohnkuchen im Glas mit Himbeersauce

1. Himbeeren auftauen lassen. Backofen (E-Herd: 175 °C, Umluft: 150 °C, Gas: Stufe 2) vorheizen.

2. Weckgläser mit etwas Butter fetten. Zitrone heiß waschen, abtrocknen und die Schale fein abreiben. Zitrone halbieren, Saft auspressen und später verwenden. Vanilleschote längs halbieren und das Mark auskratzen.

3. Butter, Zucker, Vanillemark und Zitronenschale mit den Schneebesen des Rührgerätes ca. 5 Minuten cremig rühren. Eier einzeln unterrühren. Mehl, Backpulver, Salz und Mohn mischen. Abwechselnd mit der Buttermilch unter den Teig rühren. Weckgläser zu ⅔ mit dem Teig befüllen.

4. Weckgläser im Backofen ca. 30 Minuten backen. Die kleinen Weckgläser bereits nach ca. 20 Minuten backen aus dem Backofen holen. Das große Glas 10 Minuten später herausnehmen.

5. In der Zwischenzeit Himbeeren mit 2 EL Zucker und etwas Zitronensaft mit dem Pürierstab fein pürieren. Sauce nach Belieben durch ein feines Sieb streichen.

6. Gläser etwas abkühlen lassen. Kuchen mit Puderzucker bestäuben, mit Himbeeren garnieren und mit Himbeersauce servieren.

Pro kl. Glas: 4 g E, 30 g Kh, 16 g F

Für 12 kleine (ca. 100 ml) und 1 großes Weckglas (ca. 500 ml):
250 g TK-Himbeeren
Butter für die Gläser
1 unbeh. Zitrone
1 Vanilleschote
250 g Butter
200 g Zucker + 2 EL
4 Eier (Gr. M)
300 g Mehl (Type 405)
2 gestrichene TL Backpulver
1 Prise Salz
50 g gemahlener Mohn
125 ml Buttermilch
Puderzucker zum Bestäuben
Himbeeren zum Garnieren

Schnelle Heidelbeertarte

Für 1 Tarteform (ø 28 cm), 12 Stücke:

1 Pckg. frischer ausgerollter Blätterteig (270 g)

250 g Heidelbeeren

3 Eier (Gr. M)

1 Vanilleschote

500 g Speisequark

150 g Zucker

1 Prise Salz

Butter und Mehl für die Form

Puderzucker zum Bestäuben

außerdem: Backpapier, Trockenerbsen zum Blindbacken

1. Backofen (E-Herd: 200 °C, Umluft: 175 °C, Gas: Stufe 3) vorheizen.

2. Tarteform fetten und mit Mehl bestäuben. Blätterteig entrollen, mit etwas Mehl bestäuben und mit einem Nudelholz etwas dünner ausrollen. Teig in die Form legen, überstehenden Rand abschneiden und mehrmals mit einer Gabel einstechen. Mit Backpapier belegen und mit Trockenerbsen befüllen. Tarte im vorgeheizten Backofen ca. 10 Minuten vorbacken.

3. In der Zwischenzeit Heidelbeeren waschen und verlesen. Auf Küchenpapier abtropfen lassen.

4. Eier trennen. Vanilleschote halbieren und das Mark herauskratzen. Quark in eine Schüssel geben. Nacheinander Eigelbe, 100 g Zucker, Vanillemark und Salz mit den Schneebesen des Handrührgerätes ca. 5 Minuten verrühren. Eiweiß mit Schneebesen des Handrührgerätes steif schlagen und dabei 50 g Zucker langsam einrieseln lassen. Steif geschlagenes Eiweiß vorsichtig unter die Quarkmasse heben.

5. Tarte aus dem Backofen nehmen, Trockenerbsen und Backpapier entfernen. Quarkmasse in die Form füllen und mit Heidelbeeren bestreuen. Im Backofen weitere ca. 20 Minuten fertig backen. Tarte aus dem Backofen herausnehmen, abkühlen lassen.

6. Tarte aus der Form lösen. Mit Puderzucker bestäuben und in Stücke schneiden.

Pro Stück: 8 g E, 25 g Kh, 8 g F

Latte-Macchiato-Käsekuchen

1. Butter in einem kleinen Topf schmelzen. Den Backofen vorheizen (E-Herd: 175 °C, Umluft: 150 °C, Gas: Stufe 2).

2. Ein Backblech (32 cm × 39 cm) mit etwas Butter auspinseln. Die Hälfte der Strudelteigblätter in mehreren Lagen, leicht überlappend auf dem Backblech auslegen. Mit etwas Butter bepinseln. Übrige Strudelblätter leicht versetzt darüberlegen, die Ränder mit Butter bepinseln.

3. Eier trennen, Eiweiß mit den Schneebesen des Handrührgerätes und 125 g Zucker steif schlagen. Eigelbe, Quark, Mascarpone, 125 g Zucker und Mehl glatt rühren. Eischnee vorsichtig unterheben.

4. Die Hälfte der Masse in eine zweite Schüssel füllen und mit Kaffeelikör und dem Espressopulver verrühren. Helle und dunkle Quarkmasse abwechselnd auf den Strudelteig verteilen und mit einer Gabel ein grobes Marmormuster hineinziehen.

5. Im vorgeheizten Backofen ca. 25 Minuten backen. Kuchen aus dem Ofen holen und abkühlen lassen. In Stücke schneiden und mit gehackten Espressobohnen bestreuen.

Pro Stück: 10 g E, 25 g Kh, 18 g F

Für 20 Stücke:

40 g Butter
1 Pckg. (250 g) Strudelteigblätter (10 Blätter à ca. 30 cm × 31 cm)
6 Eier (Gr. M)
250 g Zucker
750 g Magerquark
700 g Mascarpone
80 g Mehl
2 EL Kaffeelikör
1–2 EL wasserlösliches Espressopulver
2 EL gehackte Espressobohnen

Kirsch-Käsekuchen

*Für 1 Springform (ø 26 cm),
12 Stücke:*

Boden

200 g Dinkelvollkornmehl

150 g Margarine

50 g gemahlene Walnüsse

2 EL Zucker

1 Prise Salz

1 EL Sojacreme (oder Sahne)

Belag

1 Glas Kirschen
(Abtropfgewicht 350 g)

1 unbeh. Zitrone

10 Blatt Minze

250 g Magerquark

1 EL Johannisbrotkernmehl
(oder Stärke)

40 g Puderzucker

Walnüsse zum Dekorieren

1. Backofen auf 200 °C vorheizen. Mehl mit Margarine, Walnüssen, Zucker, Salz und Sojacreme zu einem glatten Teig verkneten. Eventuell etwas Wasser zugeben.

2. Die Springform mit Backpapier auslegen, den Teig hineindrücken und rundherum einen 2 cm hohen Rand stehen lassen. Aus Alufolie einen festen, randhohen Streifen falten, den Teigrand damit fixieren, sodass er nicht nach innen fällt. Boden mit einer Gabel mehrfach einstechen und ca. 18 Minuten im Ofen goldbraun backen, herausnehmen und abkühlen lassen.

3. Die Kirschen in einem Sieb abtropfen lassen. Zitrone heiß waschen, trocken tupfen, Schale abreiben und den Saft auspressen. Die Minze gründlich waschen, trocken schütteln und fein hacken.

4. Quark in ein feines Sieb geben und für einige Minuten abtropfen lassen. 2 EL Zitronensaft mit Johannisbrotkernmehl anrühren, mit Puderzucker, Zitronenschale und Magerquark cremig schlagen, bis sich der Zucker aufgelöst hat. Kirschen unterheben.

5. Die Masse gleichmäßig auf dem Teig verstreichen, mit Walnüssen und Minze dekorieren. Für ca. 30 Minuten in den Kühlschrank stellen.

Pro Stück: 6 g E, 19 g Kh, 9 g F

Polenta-Orangen-Kuchen

Für 1 Kranzform (ø 26 cm),
12 Stücke:

Butter und Polenta für die Form
300 g Butter
30 g Zucker
6 Eier (Gr. M)
150 g feine Polenta (Maisgrieß)
150 g Mehl (Type 405)
50 g Speisestärke
2 TL Backpulver
1 Prise Salz
2 unbeh. Orangen
50 g gehobelte Mandeln
250 g Puderzucker

1. Backofen (E-Herd: 175 °C, Umluft: 150 °C, Gas: Stufe 2) vorheizen.

2. Form mit Butter fetten und mit Polenta ausstreuen. Kalt stellen.

3. Butter und Zucker mit den Schneebesen des Handrührgerätes ca. 5 Minuten schaumig rühren. Eier nacheinander zugeben und verrühren. Polenta, Mehl, Speisestärke, Backpulver und Salz mischen zugeben und verrühren.

4. Orangen gründlich waschen, die Schale von einer Orange fein abreiben und den Saft auspressen. 3 EL Saft und etwas Orangenschale beiseitestellen. Den übrigen Saft und Orangenschale in den Teig geben und verrühren.

5. Teig in die Form füllen und glatt streichen. Im Backofen ca. 45 Minuten backen. Kuchen aus dem Backofen nehmen, 10 Minuten in der Form abkühlen lassen und anschließend auf ein Kuchengitter stürzen.

6. Mandeln in einer Pfanne ohne Fett anrösten. Abkühlen lassen.

7. 2 bis 3 EL Orangensaft mit Puderzucker verrühren. Den Guss über den abgekühlten Kuchen verteilen und mit etwas Orangenschale und gehobelten Mandeln verzieren.

Pro Stück: 7 g E, 48 g Kh, 26 g F

**Für 1 Backblech,
24 Stücke:**

Rührteig

180 g weiche Butter

150 g Zucker

1 Pckg. Vanillezucker

2 Prisen Salz

3 Eier, zimmerwarm

250 g Mehl

1 Pckg. Backpulver

2 EL Kakaopulver

2 EL Milch

Schmandcreme

3 Dosen Mandarinen

500 g Schmand

250 g Magerquark

100 ml Milch

50 g Zucker

1–2 EL Zimt

Schmandkuchen mit Mandarinen und Zimt

1. Herd auf 180 °C (Ober-/Unterhitze) vorheizen. Das Backblech mit Backpapier auslegen.

2. Butter, Zucker, Vanillezucker und Salz mit dem Handrührer schaumig rühren. Die Eier nacheinander auf höchster Stufe untermischen. Falls sich die Masse trennt, 1 bis 2 EL heißes Wasser unterrühren. Mehl, Backpulver und Kakaopulver vermengen, mit der Milch kurz, aber gründlich unterrühren.

3. Den Teig aufs Backblech geben, auf der untersten Schiene etwa 20 Minuten backen. Den Kuchen samt Backpapier auf einem Rost auskühlen lassen.

4. Inzwischen die Mandarinen auf einem Sieb abtropfen lassen. Den Schmand, Quark, Milch und Zucker mit dem Handrührer 3 bis 5 Minuten cremig schlagen. Sobald der Kuchen kalt ist, die Mandarinen darauf verteilen, die Schmandcreme darüberstreichen und mit dem Zimt bestreuen.

Pro Stück: 4 g E, 15 g Kh, 14 g F

Tipp: *Mit 300 g Mehl, aber ohne Kakao, wird aus dem Teig ein Boden, der sich mit frischen Früchten wie Blaubeeren belegen lässt. Darüber kommt Tortenguss, dazu ein paar gehackte Mandeln.*

Sandkuchen

⏲ 15 Min. + 40 Min.
🔥 272 kcal pro Stück

1. Eier sorgsam trennen. Die Eiweiße mit einer Salzprise wie beschrieben in ungefähr 10 Minuten steif schlagen.

2. Zucker und Eigelb mit dem Schneebesen der Küchenmaschine zu einer hellen Creme schlagen, dabei die Zitronenschale zufügen, auch den Vanillezucker und die Salzprise.

3. Eischnee portionsweise unter die Eiercreme ziehen, gleichzeitig auch esslöffelweise die durchgesiebte Stärke und das Mehl einarbeiten. Am Ende den Rum und die in einem kleinen Topf erhitzte, gerade braun werdende und nach Haselnüssen duftende Butter unter die Teigmasse rühren. Dabei zügig arbeiten, und die Masse sofort in eine mit Backpapier ausgekleidete Kastenform gießen – noch besser ist eine Silikonform geeignet.

4. Den Kuchen zunächst bei 190 °C Heißluft (210 °C Ober- und Unterhitze) etwa 20 Minuten hellbraun backen, dann mit einem Messer in der Mitte längs einen 3 cm tiefen Schnitt setzen, damit der Kuchen schön aufbrechen kann. Schließlich bei 160 °C Heißluft (180 °C Ober- und Unterhitze) in ca. 20 Minuten fertig backen. Noch heiß aus der Form kippen und auf einem Kuchengitter auskühlen lassen.

5. Entweder nur mit Puderzucker bestäuben oder mit Zitronen- oder Rumguss überziehen: Dafür den Puderzucker mit Zitronensaft, Zitronenlikör oder Rum zu einem dicken Guss anrühren. Auf den noch warmen Kuchen mit einer Palette oder einem Pinsel dick auftragen. Aber: Die aufgebrochene Mitte bleibt frei von Zuckerguss!

Pro Stück: 3 g E, 37 g Kh, 12 g F

Für eine Kastenformen (ca. 1,2 l), 10 Stücke:

Teig

4 Eier

1 Prise Salz

125 g Zucker

abgeriebene Schale einer ½ unbeh. Zitrone

1 TL Vanillezucker

125 g Speisestärke

15 g Mehl

1 TL Rum

115 g Butter

Guss

125 g Puderzucker

1–2 EL Zitronensaft, Zitronenlikör oder Rum

Manhattan Cheesecake

Für 1 Springform (ø 26 cm), 16 Stücke:

Boden

100 g Butter

200 g Löffelbiskuits

100 g Mandeln, gehackt

50 g Zucker

Füllung

1 kg Frischkäse, Doppelrahmstufe

100 g Schmand

250 g Zucker

1 Pckg. Puddingpulver, Vanille

6 Eier

2 Eigelb

1 unbeh. Zitrone, Saft und Schale

Puderzucker

1. Boden der Form mit Backpapier bedecken, inneren Rand einfetten. Butter zerlassen, Biskuits in einen verschließbaren Gefrierbeutel füllen, mit dem Nudelholz darüberrollen, zerbröseln. Mandeln, Brösel, Zucker und Butter vermischen, auf dem Boden der Form fest andrücken, kalt stellen.

2. Frischkäse, Schmand, Zucker, 1 Prise Salz und Puddingpulver verrühren. Nach und nach die Eier unterrühren. Schale der Zitrone hineinreiben, Saft untermischen. Die Masse auf dem Boden verteilen.

3. Backofen auf 150 °C (besser Umluft: 130 °C) einstellen. Den Kuchen auf einer unteren Schiene insgesamt 90 Minuten backen. Nach 50 Minuten mit Alufolie abdecken, falls die Oberfläche zu stark bräunt. Im geschlossenen Ofen 1 Stunde auskühlen lassen, danach kühl stellen, am besten über Nacht. Vor dem Servieren mit Puderzucker bestreuen.

Pro Stück: 15 g E, 28 g Kh, 33 g F

Tipps: *Wann ist ein Käsekuchen fertig gebacken? Er sollte fest sein, darf aber noch etwas in der Form wackeln. Die Oberfläche sollte in der Mitte hell und noch etwas feucht sein. Wenn der Kuchen durchgekühlt ist, am besten über Nacht, wird er ausreichend standfest.*

Der Boden eines Manhattan Cheesecake wird original mit Vollkorn-Graham-Crackern hergestellt, die sind bei uns leider schwer zu bekommen. Sie können für einen Bröselboden aber nahezu jeden Keks nehmen. Löffelbiskuits haben den Vorteil, sehr wenig Fett zu enthalten. Um dem Boden mehr Biss zu geben, haben wir noch gehackte Mandeln zugesetzt.

⏱ 35 Min. + 50 Min.
🔥 422 kcal pro Stück

Möhrenkuchen mit Pecannüssen

1. Backofen (E-Herd: 175 °C, Umluft: 150 °C, Gas: Stufe 2) vorheizen. Möhren putzen, waschen und schälen. Fein reiben.

2. Gemahlene Mandeln, Mehl und Backpulver mischen. Zitrone gründlich waschen, Schale fein abreiben und den Saft auspressen.

3. Eier trennen. Eiweiße und Salz mit den Schneebesen des Handrührgerätes steif schlagen. Nach und nach 70 g Zucker unterschlagen.

4. Eigelbe mit 100 g Zucker, Zitronenschale und 2 EL Saft ca. 5 Minuten cremig rühren. Möhren unterrühren. Mandelmischung, 100 g Pecannüsse und ⅓ der Eiweißmasse unterrühren. Restliche Eiweißmasse unterheben.

5. Teig in eine mit Backpapier ausgelegte Springform füllen und glatt streichen. Im vorgeheizten Backofen ca. 50 Minuten backen. Aus dem Backofen holen und in der Form abkühlen lassen.

6. Quark, Frischkäse, 120 g Zucker und übrigen Zitronensaft mit den Schneebesen des Handrührgerätes glatt verrühren.

7. Übrige Pecannüsse grob hacken. Möhrenkuchen in Stücke schneiden. Je etwas von der Quarkmasse auf die Stücke geben und wolkenförmig glatt streichen. Mit gehackten Pecannüssen bestreuen und sofort servieren.

Für 1 Springform (ø 26 cm), 12 Stücke:

200 g Möhren
200 g gemahlene Mandeln
60 g Mehl
1 TL Backpulver
1 unbeh. Zitrone
4 Eier (Gr. M)
1 Prise Salz
290 g Zucker
150 g Pecannüsse
500 g Magerquark
200 g Frischkäse

Pro Stück: 15 g E, 32 g Kh, 25 g F

Einfacher Gugelhupf

Für 1 große oder 2 kleine Gugelhupfformen, 12 Stücke:

1 Portion Hefeteig (Seite 5)

Butter für die Form

evtl. 125 g Rosinen oder Sultaninen

evtl. 2 EL Rum oder Weinbrand

50 g gehackte Mandeln

50 g gewürfelte Sukkade

Puderzucker zum Bestäuben

1. Den Teig wie beschrieben zubereiten und zweimal gehen lassen. Jedes Mal erneut fest zusammenschlagen, ruhig auch mehrmals auf die Arbeitsfläche aufklatschen, anschließend jedes Mal zugedeckt etwa 1 Stunde gehen lassen.

2. Wenn gewünscht, jetzt die in Rum oder Weinbrand eingelegten Rosinen, Mandeln und Sukkade unterkneten. Den Teig in 2 Portionen teilen, nochmals durchwalken, zu einem Kranz formen und rund um den Schornstein in die mit Butter ausgestrichenen Gugelhupf-form(en) setzen. Nochmals zugedeckt eine Stunde gehen lassen.

3. Bei 180 °C Heißluft (200 °C Ober- und Unterhitze) etwa 30 bis 40 Minuten backen.

4. Einen süßen Gugelhupf mit Puderzucker bestäuben. Will man ihn lieber zum Glas Wein servieren, ihn einfach nackt lassen.

Pro Stück: 7 g E, 40 g Kh, 9 g F

⏱ **30 Minuten**
🔲 **315 kcal pro Stück**

Toffee Tarte

1. Butter schmelzen. Butterkekse in einem Gefrierbeutel fein zerbröseln. Mit 1 Prise Salz und der Butter zu einem Teig kneten und in einer Springform verteilen: Den Boden dabei völlig bedecken und einen 2 cm hohen Rand formen.

2. Zucker in einer heißen Pfanne sanft karamellisieren lassen. Die Pfanne öfter mal schwenken. 2 Bananen mit der Milch in einem hohen Gefäß pürieren. Sobald der Zucker geschmolzen ist und goldene Blasen wirft, die Bananenmilch dazugeben und unter ständigem Rühren in 2 Minuten völlig vermischen. Gleichmäßig auf dem Keksboden verteilen und ins Gefrierfach zum Abkühlen stellen.

3. Die restlichen 2 Bananen schälen, in schräge Scheiben schneiden und kreisförmig auf der mittlerweile fast kalten Torte auslegen. Die Sahne steif schlagen und auf den Bananenscheiben verteilen, die Schokoladensauce mit einem Löffel in großen Kreisen auf die Sahne geben, nicht untermischen, es soll eine Marmorierung entstehen. Mit der geraspelten Schokolade bestreut servieren.

Für 1 Springform (ø 26 cm), 12 Stücke:

100 g Butter
200 g Butterkekse
1 Prise Salz
4 EL Zucker
4 reife kleine Bananen
100 ml Milch
300 ml Schlagsahne
2 EL Schokoladensauce
100 g geraspelte Schokolade

Pro Stück: 3 g E, 33 g Kh, 18 g F

⏲ 40 Min. + 30 Min.
🍽 572 kcal pro Stück

Kleine Rhabarber-Streusel-Küchlein

Für 6 Stück:

350 g Rhabarber
150 g Butter
300 g Mehl (Type 405)
100 g + 2 EL Zucker
1 Prise Salz
1 Eigelb (Gr. M)
175 g Ricotta
1 Ei (Gr. M)
2 EL Puddingpulver Vanille (zum Kochen)
75 ml Milch (1,5 % Fett)
Butter und Mehl für die Förmchen

1. Backofen (E-Herd: 175 °C, Umluft: 150 °C, Gas: Stufe 1–2) vorheizen.

2. Rhabarber waschen, putzen und in schräge, dünne Scheiben schneiden. Butter in Würfel schneiden.

3. Mehl, 100 g Zucker, Salz, Eigelb und Butterstückchen zuerst mit den Knethaken des Handrührgerätes, dann mit den Händen zu einem glatten Teig verkneten.

4. Ricotta, 2 EL Zucker, Ei, Puddingpulver und Milch verrühren.

5. 6 Tarteletts-Förmchen (ca. 10 cm Durchmesser) mit Butter auspinseln und mit Mehl ausstäuben. Ca. ⅔ des Teiges in die Förmchen verteilen. Den Teig mit den Händen andrücken, dabei den Teig auch am Rand hochziehen.

6. Rhabarber auf die Förmchen verteilen und mit der Ricottacreme übergießen. Übrigen Teig als Streusel auf die Tarteletts verteilen. Im Backofen ca. 30 Minuten backen.

7. Tarteletts aus dem Ofen nehmen und auf einem Kuchengitter auskühlen lassen. Die Tarteletts aus den Förmchen lösen, auf Teller setzen und mit geschlagener Sahne servieren.

Pro Stück: 10 g E, 68 g Kh, 28 g F

Zwiebelkuchen

1. Hefe in 5 EL warmem Wasser mit dem Honig auflösen. Schmalz schmelzen, abkühlen lassen. Mehl in einer Schüssel mit Hefe, 175 ml lauwarmem Wasser, Schmalz und 1 bis 2 TL Salz zu einem Teig verkneten, bis er nicht mehr klebt. Abgedeckt 30 Minuten gehen lassen.

2. Zwiebeln schälen und in Scheiben schneiden. Speck fein würfeln, auf 2 Pfannen verteilen und im Öl bei mittlerer Hitze glasig ausbraten. Zwiebeln zufügen und unter Rühren 10 Minuten glasig dünsten. Mit Salz, Pfeffer und Muskat würzen.

3. Ofen auf 200 °C heizen. Teig durchkneten, ausrollen und auf ein mit Backpapier ausgelegtes Blech legen. Zwiebelmix darauf verteilen.

4. Eier mit Sauerrahm verquirlen und würzen, auf den Zwiebeln verteilen. Auf mittlerer Schiene 40 Minuten goldbraun backen.

Pro Stück: 15 g E, 43 g Kh, 20 g F

Tipps: *Dazu schmeckt Federweißer.*

Als Variante 1 EL Kümmel unter die Eier-Sauerrahm-Mischung heben.

Für 1 Backblech, 8 Stücke:
1 Würfel Hefe
1 TL Honig
50 g Griebenschmalz oder Öl
400 g Mehl (Type 1050)
1–2 TL Salz
1,2 kg Zwiebeln
150 g durchwachsener Speck
2 EL Öl
Salz, Pfeffer, Muskatnuss
3 Eier
200 g Sauerrahm

30 Min. + 110 Min.
251 kcal pro Portion

Schokoladige Orangen-Kastanien-Tarte

Für 8 Portionen:

200 g Maronen (vorgegart)

1 unbeh. Orange

100 g Butter

100 g Zucker

4 Eier

1 Pckg. Vanillezucker

2 EL Carobpulver (oder Kakao)

½ Röhrchen Rumaroma

¼ TL Zimt

1 TL Zucker

1. Den Backofen vorheizen (Umluft 170 °C). Die Maronen fein pürieren. Orange heiß waschen, die Schale abreiben und den Saft auspressen.

2. Die Butter mit Zucker hellgelb schlagen. Eier trennen und die Eigelbe nach und nach unterschlagen. Dann Vanillezucker, Carobpulver, pürierte Kastanien, Orangenabrieb, die Hälfte des Rumaromas und Zimt unterrühren.

3. Eiweiße steif schlagen und unterziehen. Den Teig in eine Springform (20 cm) füllen und auf der mittleren Schiene im Backofen ca. 50 Minuten backen. Etwas abkühlen lassen, dann stürzen.

4. Orangensaft durch ein Sieb streichen und mit 1 TL Zucker abschmecken. Restliches Rumaroma zugeben und den noch warmen Kuchen mit dieser Mischung beträufeln. Kalt stellen und 1 Stunde durchziehen lassen. Nach Wunsch die Tarte mit Schlagsahne und Orangenstückchen dekorieren.

Pro Portion: 5 g E, 27 g Kh, 14 g F

Tipp: Fruchtig wird der Kuchen, wenn Sie ihn quer halbieren, mit einer dünnen Schicht Orangenmarmelade bestreichen und wieder zusammenfügen.

Käsekuchen mit Bröselboden

⏱ 40 Min. + 6 Std.
🔥 360 kcal pro Stück

1. Ofen auf 180 °C (Ober-/Unterhitze) vorheizen. Eine Springform mit Backpapier auslegen: Dazu das Papier zuschneiden, zerknüllen, wieder glatt streichen, am Rand mehrfach einschneiden und in die Form drücken. Kekse in einem Gefrierbeutel mit dem Nudelholz zerbröseln. Butter in der Pfanne schmelzen, mit den Bröseln mischen, in die Springform drücken. Den Bröselboden 10 Minuten backen, auskühlen lassen.

2. Ricotta, Frischkäse und 150 g Zucker mit den Eiern glatt rühren. Das Puddingpulver und eine Prise Salz dazugeben, ebenso je 1 TL Zitronensaft und die geriebene Zitronenschale. Auf den ausgekühlten Boden füllen und 30 Minuten backen.

3. Die Konfitüre leicht erwärmt flüssig rühren, über die Frischkäseschicht geben. 300 g Schmand mit 1 EL Zucker und 1 Tütchen Vanillezucker verrühren und daraufstreichen. Noch einmal 10 bis 15 Minuten backen. Mindestens 6 Stunden auskühlen lassen. Dann dick mit Puderzucker bestreuen und halbierte oder geviertelte Erdbeeren daraufsetzen..

Pro Stück: 9 g E, 41 g Kh, 18 g F

Tipps: *Der Kuchen schmeckt auch nur mit der ersten Ricotta-Schicht.*

Deko-Alternative: Statt Puderzucker eine dünne Schicht Konfitüre auf dem Kuchen verstreichen und Obst – auch aus der Dose – darübergeben.

Für 1 Springform (ø 28 cm), 16 Stücke:

Boden

250 g Butterkekse, am besten Vollkorn

60 g Butter

Belag

750 g Ricotta (oder Sahnequark)

100 g Doppelrahm-Frischkäse

160 g Zucker

3 Eier (Gr. M)

1 Pckg. Puddingpulver Vanille

1 unbeh. Zitrone (oder 1 TL Zitronensaft und geriebene Schale)

300 g Aprikosen- oder Erdbeerkonfitüre

300 g Schmand

1 Pckg. Bourbon-Vanillezucker

50 g Puderzucker

einige Erdbeeren zum Dekorieren

Dreikönigskuchen – orientalisch

Für 1 Spring- oder Gugelhupfform (ø 26 cm), 12 Stücke:

Teig

200 g getrocknete, helle Früchte (wie Sultaninen, Ananas, Datteln)
100 g getrocknete Aprikosen
200 ml Orangensaft (nach Belieben gemischt mit Rum)
100 g kandierter Ingwer
100 g Orangeat
200 g Mehl
1 Pckg. Backpulver
200 g Butter
200 g Zucker
3 TL geriebene Orangenschale
4 Eier
200 g gehackte Mandeln

Dekoration

100 g Zucker

Pro Stück: 6 g E, 45 g Kh, 13 g F

1. Am Vortag die getrockneten Früchte in Orangensaft oder einer Mischung aus Orangensaft und Rum einweichen.

2. Eine Spring- oder eine Gugelhupfform mit Fett auspinseln und mit Paniermehl ausstreuen. Backofen auf 200 °C vorheizen. Eingeweichte Früchte klein schneiden, Ingwer und Orangeat sehr fein hacken. Mehl und Backpulver vermengen, beiseitestellen. Butter, Zucker, 1 Prise Salz und Orangenschale schaumig schlagen, Eier einzeln dazugeben und gut verquirlen.

3. Jetzt das Mehl nach und nach einstreuen und mit den elektrischen Knethaken auf niedriger Stufe verquirlen. Fruchtmischung und Mandeln in den Teig rühren, in die vorbereitete Backform füllen. Auf einer unteren Schiene 5 Minuten bei 200 °C backen, dann die Temperatur auf 150 °C herunterschalten und für weitere 2 Stunden backen.

4. Stechen Sie gegen Ende der Backzeit mit einem Stäbchen senkrecht in den Kuchen: Es darf kein flüssiger Teig mehr haften bleiben. Den Kuchen in der Form auskühlen lassen, am besten über Nacht, dann herausheben. Gugelhupfform vorsichtig stürzen.

5. Dekoration: Zucker schmelzen, leicht karamellisieren lassen, mit einer Gabel dekorativ über den Kuchen sprenkeln.

Tipps: Bedingt durch die Länge der Backzeit ist Früchtekuchen sehr gut haltbar. Kühl, trocken und luftdicht verpackt, schmeckt er noch nach Wochen.

Damit die Früchte im Teig nicht zu stark nach unten sinken, können sie vor der Verarbeitung in etwas Mehl gewälzt werden. Hilfreich ist auch die anfänglich sehr hohe Backtemperatur, durch die der Teig rasch etwas Festigkeit gewinnt.

Möhren-Schoko-Kuchen

1. Backofen (E-Herd: 175 °C, Umluft: 150 °C, Gas: Stufe 2) vorheizen.

2. Möhren putzen, schälen und fein reiben. Schokolade und Walnüsse grob hacken.

3. Butter, Zucker und Salz mit den Schneebesen des Handrührgerätes cremig rühren. Eier nacheinander zugeben und unterrühren. Mehl, Paniermehl und Backpulver mischen und zusammen mit Möhren, Schokolade und Walnüssen unterrühren.

4. Teig auf ein gefettetes, mit Paniermehl bestreutes Backblech geben und glatt streichen. Im Backofen ca. 40 Minuten backen und abkühlen lassen. In Stücke schneiden und servieren.

Pro Stück: 3 g E, 24 g Kh, 16 g F

Für 1 Backblech, 25 Stücke:

600 g Möhren

150 g Zartbitterschokolade (70 %)

200 g Walnusskerne

250 g Butter

250 g Zucker

1 Prise Salz

6 Eier (Gr. M)

200 g Mehl (Type 405)

100 g Paniermehl

1 Pckg. Backpulver

Butter und Paniermehl für das Backblech

Orangenkuchen mit Sirup

Für 1 Gugelhupfform (1,5 l), 12 Stücke:

250 g Butter
350 g Zucker
4 Eier (Gr. M)
1 Pckg. Bourbon-Vanillezucker
2 Prisen Salz
250 g Mehl (Type 405)
2 TL Backpulver
2–3 unbeh. Orangen
Butter und Paniermehl für die Form

1. Backofen (E-Herd: 175 °C, Umluft: 150 °C, Gas: Stufe 2) vorheizen.

2. Butter in Stücke schneiden. Butter und 250 g Zucker mit den Schneebesen des Handrührgerätes schaumig rühren. Eier nach und nach zufügen. Vanillezucker und Salz unterrühren. Mehl und Backpulver mischen und gesiebt unter den Teig rühren.

3. Eine Gugelhupfform fetten und leicht mit Paniermehl ausstreuen. Den Teig einfüllen. Im vorgeheizten Backofen ca. 60 Minuten backen. Kuchen etwas abkühlen lassen, aus der Form stürzen, auf ein Kuchengitter geben und auskühlen lassen.

4. In der Zwischenzeit Orangen waschen, trocken tupfen und mit einem Zestenreißer feine Orangenstreifen abziehen. Orangen halbieren und auspressen.

5. 100 g Zucker in einem Topf goldbraun karamellisieren lassen. Karamell mit Orangensaft ablöschen und bei schwacher Hitze zu einem dicklichen Sirup einkochen. Zuletzt Orangenzesten unterheben. Sirup ca. 10 Minuten ziehen lassen.

6. Gugelhupf mehrmals mit einem Holzstäbchen einstechen und den Sirup darüber verteilen.

Pro Stück: 4 g E, 47 g Kh, 20 g F

3

OBST

Apfelkuchen mit Cranberrys

1. Mehl mit Nüssen und Hefe in eine große Schüssel geben. Zucker, zimmerwarmen Apfelsaft, Öl und 1 Prise Salz hinzugeben. Alles gut vermengen und bearbeiten, bis der Teig nicht mehr so klebt. Eventuell noch etwas Saft zugeben. Etwa eine Stunde an einem warmen Ort gehen lassen.

2. Äpfel vierteln, Kerngehäuse entfernen, in dünne Spalten schneiden. Zitrone auspressen und über die Apfelspalten geben.

3. Den Backofen auf 200 °C vorheizen. Springform einfetten. Den Teig auf einer bemehlten Fläche in Springformgröße ausrollen, in die Form legen und dicht mit Äpfeln und Cranberrys belegen.

4. Den Kuchen für ca. 10 Minuten bei 200 °C vorbacken. Anschließend 20 Minuten bei 180 °C zu Ende backen.

5. Fruchtaufstrich durch ein Sieb streichen und auf dem warmen Kuchen verteilen.

Pro Stück: 3 g E, 35 g Kh, 8 g F

Tipp: *Gelingt auch mit Pflaumen und einer Prise Zimt oder Aprikosen oder Stachelbeeren sehr gut.*

Für 1 Springform (ø 26 cm), 12 Stücke:

Hefeteig
200 g Weizenmehl (Type 1050)
50 g Walnüsse
1 Pckg. Trockenhefe
2 EL Zucker
ca. 100 ml Apfelsaft
5 EL Rapsöl
1 Prise Salz

Belag
1 kg Äpfel (z. B. Boskop)
1 Zitrone
50 g getrocknete Cranberrys
100 g Aprikosenfruchtaufstrich

⏱ 15 Min. + 60 Min.
🔥 290 kcal pro Stück

Kirschtorte mit Mandeln

Für 1 Springform (ø 26–28 cm), 12 Stücke:

750 g Sauerkirschen

Teig

4 große Eier (Gr. L)

175 g Zucker

125 g feine Haferflocken

125 g Weizenvollkornmehl (Type 1050)

1 Pckg. Backpulver

Belag

75 g Butter

40 g Zucker

50 g Mandelblättchen

1. Die Kirschen waschen, entstielen, trocken tupfen und entkernen.

2. Den Backofen auf 200 °C (Umluft 180 °C, Gas Stufe 3 ½) vorheizen.

3. Die Eier trennen. Eigelb und Zucker weißcremig schlagen. Das Eiweiß in einer Schüssel steif schlagen. Die Haferflocken mit dem Mehl und Backpulver mischen.

4. Den Eischnee auf die Eigelb-Zucker-Masse geben, darüber das Haferflocken-Mehl-Gemisch und die entsteinten Kirschen verteilen. Alles großzügig und vorsichtig mit dem Rührlöffel (mit Loch) oder einer Gabel unterheben.

5. Eine Springform mit Backpapier auslegen und die Masse darauf verteilen. Die Butter in Flöckchen auf die Masse geben, Mandelblättchen und Zucker darüberstreuen.

6. Die Form in den vorgeheizten Backofen, untere Schiene, stellen und etwa 60 Minuten backen.

7. Die Torte aus dem Backofen nehmen, auskühlen lassen. Den Springformrand lösen. Die Torte mit einem scharfen Messer in 12 Stücke schneiden.

Pro Stück: 6 g E, 32 g Kh, 10 g F

Tipps: *Eischnee wird besser steif, wenn das Eiweiß kalt ist, oder wenn man einige Tropfen Zitronensaft oder 1 Prise Salz zugibt.*

Im Winter dürfen es auch Tiefkühlfrüchte sein; diese allerdings erst auftauen und danach auf einem Sieb abtropfen lassen. Den Saft können Sie dann anderweitig verwenden.

Rhabarberkuchen mit Baiserhaube

⏱ 30 Min. + 60 Min.
🔥 256 kcal pro Stück

1. Ofen auf 190 °C vorheizen (keine Umluft). Eier trennen, Eigelb mit Butter, Zucker, Mehl, Backpulver und Speisestärke zu einem Teig verkneten, in eine gefettete Springform von 26 cm Durchmesser drücken, am Rand hochziehen.

2. Rhabarber waschen, Blätter und Blattansatz großzügig wegschneiden, von großen Stangen eventuell die Fäden abziehen. Stangen in etwa 1 cm breite Stücke schneiden, sehr breite Stangen vorher halbieren. Mandelblättchen und dann Rhabarber auf dem Teig verteilen.

3. Die 3 Eiweiße mit etwas Salz oder Zitronensaft zu sehr festem Schnee schlagen, nach und nach Puder- und Vanillezucker dazugeben. Die Baisermasse über den Rhabarber streichen oder mit einem Beutel spritzen.

4. Im vorgeheizten Ofen auf der untersten Schiene 45 bis 55 Minuten backen, nach 10 Minuten mit Backpapier abdecken.

Tipps: *Dieser Mürbeteig wird sehr krümelig. Sie brauchen ihn nicht – wie sonst – einige Zeit im Kühlschrank ruhen zu lassen.*

Nach dem Backen gleich das Papier abnehmen, sonst wird das Baiser zu weich.

Fürs Baiser reichen 100 g Puderzucker, wenn Sie weniger saure Früchte wie Aprikosen verwenden oder wenn die Früchte – wie meist Stachelbeeren – schon gesüßt aus dem Glas kommen.

Für 1 Springform (ø 26 cm), 12 Stücke:
3 Eier
100 g Butter
100 g Zucker
150 g Mehl
1 gehäufter TL Backpulver
50 g Speisestärke
600 g Rhabarber
50 g Mandelblättchen
150 g Puderzucker
etwas Vanillezucker

Pro Stück: 4 g E, 5 g Kh, 10 g F

Für 1 Kastenform (30 cm), 20 Stücke:
100 g Marzipan-Schokolade
100 g Pecannüsse
2 Bananen
250 g Butter
200 g Zucker
4 Eier (Gr. M)
350 g Mehl
1 Pckg. Backpulver
75 ml Milch
Butter und Mehl für die Form

Bananenkuchen mit Pecannüssen

1. Backofen (E-Herd: 175 °C, Umluft: 150 °C, Gas: Stufe 2) vorheizen.

2. Schokolade und Pecannüsse grob hacken. Bananen schälen und in Würfel schneiden.

3. Butter und Zucker mit den Schneebesen des Handrührgerätes ca. 5 Minuten cremig rühren. Eier nach und nach unterrühren. Mehl und Backpulver mischen, abwechselnd mit der Milch einrühren. Gehackte Schokoladen- und Bananenstücke unterheben.

4. Teig in eine gefettete und mit Mehl ausgestäubte Kastenkuchenform füllen. Im Backofen 60 Minuten backen.

5. Den Kuchen aus dem Backofen nehmen und ca. 15 Minuten abkühlen lassen. Aus der Form auf ein Kuchengitter stürzen. Auskühlen lassen.

Pro Stück: 4 g E, 28 g Kh, 17 g F

Erdbeer-Sahne-Biskuit

1. Die Eier trennen. Zuerst die Eiweiße mit der Salzprise zu dichtem glänzendem Schnee schlagen. Dann die Eigelb weiß und dick schlagen, dabei den Zucker hinzurieseln lassen. Erst aufhören zu schlagen, wenn der Zucker völlig gelöst ist.

2. Mehl und Mandeln locker darübersieben. Mit sparsamen Bewegungen rasch unterziehen. Sofort etwa ein Drittel des steif geschlagenen Eischnees untermischen. Erst wenn er die Teigmasse aufgelockert hat, den restlichen Schnee unterheben.

3. Ohne den Teig auch nur einen Moment stehen zu lassen in die ausgebutterte und mit Zucker ausgestreute Form füllen. Diesen Teigboden 30 Minuten bei 180 °C Heißluft (200 °C Ober-/Unterhitze) hellbraun backen.

4. Noch heiß aus der Form lösen und kopfüber gestürzt auf einem Kuchengitter auskühlen lassen. Danach auf eine mit Tortenspitze belegte Platte setzen, den Ring der Springform wieder darum schließen.

5. Inzwischen den Quark mit Zucker, Zitronenschale und -saft glatt rühren und abschmecken. Die steif geschlagene Sahne unterziehen. Auf dem Tortenboden verstreichen. Den Ring gut damit ausfüllen. Die Erdbeeren dicht an dicht daraufsetzen, dabei darauf achten, dass sie ein schönes Muster ergeben. Mit Puderzucker bestäuben.

6. Den Rand vorsichtig abnehmen. Und die Erdbeer-Sahne-Torte sofort servieren – sie schmeckt frisch am allerbesten!

Tipps: *Sollten sich die Eigelb nicht gut verbinden, womöglich sogar ausflocken, einen Esslöffel lauwarmes Wasser zufügen.*

Der Quark sollte auf keinen Fall zu feucht sein, auch hier ist es am besten, man lässt ihn einen Tag in einem mit Küchenpapier ausgelegten Sieb abtropfen.

Für 1 Springform (ø 26 cm), 12 Stücke:

Biskuit

3 Eier

Salzprise

100 g Zucker

1 EL lauwarmes Wasser

60 g Mehl

60 g geriebene Mandeln

3 Eiweiß

Butter und Zucker für die Form

Belag

300 g Magerquark

2 EL Zucker

abgeriebene Zitronenschale und etwas Zitronensaft

200 g Schlagsahne

ca. 600 g Erdbeeren

Puderzucker

Pro Stück: 9 g E, 23 g Kh, 11 g F

Stachelbeer-Crumble

Für 8 Portionen:

500 g reife Stachelbeeren

100 g Butter

150 g Zucker

150 g Mehl

1 Msp. Zimt

abgeriebene Schale von ½ unbeh. Zitrone oder Orange

Vanillesauce

500 ml Milch

Mark von 1 Vanilleschote

30 g Zucker

1 EL Speisestärke

100 g Magerquark

Pro Portion: 6 g E, 51 g Kh, 14 g F

1. Den Backofen auf 200 °C (Umluft 180 °C, Gas Stufe 3 ½) vorheizen.

2. Die Stachelbeeren putzen, waschen, trocken tupfen. Die Auflaufform mit wenig Butter ausstreichen. Die Stachelbeeren darin verteilen und mit der Hälfte des Zuckers bestreuen.

3. Die Form in den Backofen, mittlere Schiene, setzen und 15 Minuten backen.

4. Inzwischen aus dem restlichen Fett, Mehl, Zucker, Zimt und Zitronenschale von Hand Streusel bereiten. Gleichmäßig über die Stachelbeeren verteilen. Das Ganze bei gleicher Temperatur im Backofen dann weitere 30 Minuten backen.

5. Für die Sauce etwas von der Milch abnehmen. Die Vanilleschote längs halbieren und das Mark herauskratzen. Die Schote und das Mark in die restliche Milch geben. Den Zucker einstreuen und die Milch aufkochen. Die Vanilleschote herausnehmen.

6. Die beiseitegestellte Milch und die Speisestärke verquirlen und in die heiße Milch rühren. Einmal aufkochen lassen. Von der Herdstelle nehmen, in ein flaches Gefäß gießen, unter Rühren abkühlen lassen. Den Quark einrühren.

7. Die heißen Stachelbeeren sofort mit der Sauce servieren.

Tipp: *Die Milch brennt nicht an, wenn Sie den Zucker in die kalte Milch streuen. Dann nicht umrühren, bis die Milch kocht.*

Mandarinen-Grießkuchen

**Für 1 eckige Springform
(ca. 25 cm × 25 cm), 25 Stücke:**

2 unbeh. Zitronen

2 Dosen Mandarinen
(à 175 g Abtropfgewicht)

125 g Butter oder Margarine und
etwas für die Form

175 g Zucker

500 g Naturjoghurt (1,5 % Fett)

4 Eier

500 g Grieß
und etwas für die Form

1 Pckg. Backpulver

Pro Stück: 4 g E, 25 g Kh, 6 g F

1. Eine Zitrone waschen, trocken reiben und die Schale fein abreiben. Beide Zitronen auspressen.

2. Die Mandarinen in einem Sieb gut abtropfen lassen, den Saft auffangen.

3. Butter oder Margarine und 100 g Zucker schaumig rühren, bis sich der Zucker aufgelöst hat. Joghurt und Eier unterrühren. Grieß und Backpulver mischen und unterrühren, die Mandarinen und die abgeriebene Zitronenschale kurz unter den Teig heben.

4. Eine eckige Springform mit etwas weicher Butter oder Margarine ausfetten und mit etwas Grieß ausstreuen. Den Teig einfüllen und den Kuchen im vorgeheizten Backofen bei 180 °C auf der mittleren Einschubleiste etwa 40 Minuten backen.

5. 100 ml Zitronensaft und 100 ml vom Mandarinensaft mit dem restlichen Zucker erhitzen, bis sich der Zucker löst.

6. Direkt nach dem Backen den Kuchen in der Form mit dem Zitronensirup beträufeln. Den Kuchen ganz abkühlen lassen und in etwa 5 cm × 5 cm große Würfel schneiden.

Sandcake Orange

1. Ofen auf 180 °C vorheizen. Eine Kastenform mit Backpapier auslegen. Margarine in einem kleinen Topf bei niedriger Hitze verflüssigen.

2. Eier und Zucker mit 1 Prise Salz schaumig schlagen, bis sich der Zucker gelöst und das Volumen etwa verdreifacht hat. Das dauert je nach Zuckerkörnung einige Minuten.

3. Kartoffelmehl, Mehl und Backpulver mischen, kurz unter die Eiermasse rühren. Dann die etwas abgekühlte flüssige Margarine unter Rühren nach und nach zugeben, bis sie eingearbeitet ist. In die Form füllen, auf mittlerer Schiene 50 bis 60 Minuten backen. Nach 15 Minuten, wenn die Oberfläche etwas gebräunt ist, der Länge nach eine Kerbe in den Kuchen ritzen und weiterbacken. 10 Minuten abkühlen lassen und dann aus der Form lösen, Backpapier abziehen und weiter abdampfen lassen.

4. Für die Glasur die Orange auspressen. In den noch warmen Kuchen dicht an dicht Löcher stechen (Gabel, Holzstab) und ihn mit dem ausgepressten Saft tränken. Etwa 300 g Orangenmarmelade nach Geschmack erhitzen und verflüssigen, dann über den Kuchen geben.

Pro Stück: 2 g E, 67 g Kh, 15 g F

Für 1 Kastenform (30 cm), 15 Stücke:
Teig
250 g Margarine
3 Eier
200 g Zucker
250 g Kartoffelmehl (Stärke)
20 g Mehl (1 EL)
1 TL Backpulver
Glasur
1 Orange
300 g Orangenmarmelade

⏱ 30 Min. + 45 Min.
🍽 290 kcal pro Stück

Apfelkuchen mit Streuseln

Für 1 Springform (ø 26 cm), 12 Stücke:

Streusel

250 g Mehl

100 g Zucker

1–2 TL Zimt (oder 1 EL geriebene Zitronenschale)

190 g kalte Butter

Belag

750 g feste, säuerliche Äpfel (z. B. Boskop, Cox Orange)

1 EL Zitronensaft

Butter für die Form

Rührteig

125 g weiche Butter

125 g Zucker

1 Pckg. Bourbon-Vanillezucker

3 Eier

200 g Mehl

2 TL Backpulver

1–2 EL Milch

Salz

1. Den Ofen auf 170 °C (Ober-/Unterhitze) vorheizen. Für die Streusel mit einer Gabel Mehl, Zucker und Zimt vermischen. Die kalte Butter in grobe Stücke schneiden und alles mit den Händen kurz verkneten. Die Masse in eine Folie wickeln und in den Kühlschrank legen.

2. Die Äpfel waschen, von oben nach unten halbieren und die Hälften noch mal halbieren. Das Kerngehäuse entfernen und die Äpfel in kleine Stücke oder Scheiben schneiden. In eine große Schüssel geben und Zitronensaft darübergießen. Kurz alles umrühren und vermischen. Die Kuchenform einfetten.

3. Die weiche Butter für den Teig mit beiden Zuckern und ein paar Körnchen Salz mit dem Handrührer ordentlich vermischen. Dann den Rührer auf die schnellste Stufe stellen und die Eier untermixen – eins nach dem anderen. Falls es sich nicht gut vermischt, 1 bis 2 EL heißes Wasser dazugeben. Das Mehl mit dem Backpulver mischen und erst eine Hälfte dazugeben, dann die zweite, zusammen mit der Milch. Noch etwas weiterrühren.

4. Den Teig in die Springform geben und die Äpfel darauf verteilen. Den Streuselteig aus dem Kühlschrank mit beiden Händen obendrauf bröseln. Den Kuchen etwa 45 Minuten auf der zweiten Schiene von unten backen. Die Brösel sollen leicht braun werden.

Pro Stück: 5 g E, 33 g Kh, 16 g F

Roqueforttorte mit Birnen

1. Alle Zutaten für den Mürbeteig mit 3 EL kaltem Wasser in einer Schüssel mit dem Handrührgerät (Knethaken) mischen, mit den Händen verkneten, zu einer Kugel formen, flach drücken und in Frischhaltefolie gewickelt 30 Minuten kühl stellen.

2. Inzwischen die Walnusskerne hacken. Die Birnen waschen, schälen, vierteln, das Kerngehäuse entfernen, die Birnenviertel in Scheiben schneiden.

3. Für den Belag die Eier trennen; Eigelbe, saure Sahne und Gewürze verrühren. Den Käse mit einer Gabel zerdrücken und unter die Eigelbmasse rühren.

4. Eiweiß in einer Schüssel steif schlagen und mit einem Kochlöffel unter die Käsemasse heben. Den Backofen auf 180 °C (Umluft 160 °C, Gas Stufe 2½) vorheizen.

5. Eine Springform wenig einfetten. Den Teig auf einer leicht bemehlten Arbeitsfläche, etwas größer als die Form, ausrollen, die Springform damit auskleiden und dabei einen 2 cm hohen Rand formen. Den Teig mit einer Gabel mehrmals einstechen. Zwei Drittel der Walnüsse auf dem Teigboden verteilen.

6. Die Birnenscheiben darauf fächerartig anordnen, die Käsemasse obenauf verteilen.

7. Die Form in den vorgeheizten Backofen, 2. Schiene von unten, setzen und 30 Minuten backen. Die restlichen Walnüsse über die Torte streuen und weitere 15 Minuten backen.

8. Die Torte aus dem Backofen nehmen, mit einem spitzen Messer den Teigrand vorsichtig lockern und den Springformrand lösen. Die Torte in Stücke schneiden und noch warm servieren.

Pro Stück: 14 g E, 36 g Kh, 32 g F

Für 1 Springform (ø 26 cm), 8 Stücke:

Teig

250 g Weizenmehl
125 g Butter
Salz

Belag

100 g Walnusskerne
800 g reife, nicht zu weiche Birnen
3 Eier (Gr. M)
100 g saure Sahne
1 Prise geriebene Muskatnuss
Pfeffer aus der Mühle
200 g Roquefort-Käse

⌛ 30 Min. + 30 Min.
🔥 454 kcal pro Portion

Cranberry-Yufkateigstrudel

Für 1 Backblech, 6 Portionen:

650 g Äpfel

50 g ungeschälte Mandeln

150 g Magerquark

4 EL Zucker

70 g Rapsöl

50 g getrocknete Cranberrys

3 Blätter Yufkateig (300 g)

Pro Portion: 10 g E, 60 g Kh, 19 g F

1. Backofen auf 180 °C vorheizen. Backblech mit Backpapier auslegen. Äpfel waschen, vierteln, Kerngehäuse entfernen und grob hacken. Mandeln fein hacken oder mahlen.

2. Magerquark mit Zucker und 2 EL Öl cremig rühren. Mit den Cranberrys unter den Apfelmix ziehen. Das restliche Öl mit 1 EL Wasser mischen. 1 Yufkateigblatt auf ein angefeuchtetes Küchenhandtuch legen und damit einpinseln. Die Ränder dabei etwa 5 cm frei lassen.

3. Diesen Vorgang mit allen Blättern wiederholen und anschließend alle Teigblätter etwas versetzt in Backblechgröße aufeinanderlegen. Dann die vorbereitete Quark-Frucht-Masse auf dem Teig verteilen. Dabei die Ränder 5 cm frei lassen.

4. Nun die Längsseiten einschlagen und mit dem Küchentuch zu einem Strudel einrollen und auf das Backblech legen. Strudel mit dem restlichen Öl bestreichen. Backblech mittig in den Ofen schieben und 30 Minuten backen.

Tipp: *Schmeckt auch mit Birnen statt Äpfeln, mit Rosinen statt Cranberrys und mit anderen Nüssen.*

Tipps: *Wenn Sie weiche, reife Quitten verwenden, ist das Vorgaren nicht notwendig.*

Die getrockneten Erbsen setzen sich nicht im Teig fest, wenn Sie ein Stück Pergamentpapier auf den Teigboden geben, bevor Sie sie darauflegen.

Quittentorte mit Rahmguss

1. Aus Mehl, Backpulver, Zucker, Vanillezucker, Fett und Ei einen glatten Mürbeteig kneten, zu einer Teigkugel formen, flach drücken, in Frischhaltefolie wickeln und 30 Minuten kühl stellen.

2. Von den Quitten mit einem weichen Tuch den Flaum gründlich abreiben. Die Stiele und Blütenansätze entfernen. Die Früchte waschen, schälen, vierteln, das Kerngehäuse entfernen, die Frucht-stücke in dünne Spalten schneiden.

3. Wasser und Zitronensaft in einem Topf aufkochen, die Quitten-spalten darin 5 Minuten zugedeckt dünsten. Mit einer Schaumkelle herausheben, gut abtropfen lassen und beiseitestellen.

4. Den Backofen auf 180 °C (Umluft 160 °C, Gas Stufe 2½) vorheizen.

5. Den Teig ausrollen, die gefettete Springform mit zwei Dritteln des Teiges auslegen. Aus dem restlichen Teig eine Rolle formen und den Rand damit auskleiden; eventuell leicht hochziehen. Den Boden unregelmäßig mit einer Gabel einstechen, damit sich beim Backen keine Blasen bilden. Getrocknete Erbsen darauf verteilen.

6. Im vorgeheizten Backofen, 2. Schiene von unten, etwa 10 bis 15 Minuten vorbacken.

7. Die Erbsen entfernen und wegwerfen. Die Quittenspalten fächer-artig auf dem Teig verteilen und mit Zimt bestäuben.

8. Eiweiß und Zucker schnittfest schlagen. Eigelb, Sauerrahm und Speisestärke verrühren und vorsichtig mit dem Eiweiß mischen. Den Guss gleichmäßig über die Quitten verteilen. Die Form in den Back-ofen, 2. Schiene von unten, stellen und weitere 20 Minuten backen.

Für 1 Springform (ø 26 cm), 12 Stücke:

Teig

250 g Mehl

1 Msp. Backpulver

50 g Zucker

1 Pckg. Vanillezucker

120 g Butter oder Margarine

1 Ei (Gr. M)

Belag

1 kg Quitten

250 ml Wasser

3 EL Zitronensaft

etwas Zimt

3 Eier (Gr. M), getrennt

75 g Puderzucker

200 g saure Sahne

1 EL Speisestärke

außerdem: Fett für die Springform, getrocknete Erbsen zum Blindbacken, Pergamentpapier

Pro Stück: 5 g E, 35 g Kh, 13 g F

⏱ 20 Min. + 40 Min.
🔥 272 kcal pro Stück

Schoko-Kirsch-Brownies

Für 1 Backblech, 30 Stücke:

2 Gläser Sauerkirschen (à 720 ml)

400 g Zartbitterschokolade (70 %)

250 g Butter

7 Eier (Gr. M)

400 g Zucker

2 Prisen Salz

350 g Mehl (Type 405)

3 TL Backpulver

Butter und Mehl für das Backblech

Puderzucker zum Bestäuben

1. Backofen (E-Herd: 175 °C, Umluft: 150 °C) vorheizen. Kirschen in einem Sieb gut abtropfen lassen.

2. Schokolade grob hacken. 100 g der gehackten Schokolade beiseitelegen. Übrige gehackte Schokolade mit der Butter über einem Wasserbad schmelzen und gelegentlich verrühren.

3. In der Zwischenzeit Eier, Zucker und Salz mit den Schneebesen des Handrührgerätes ca. 3 Minuten schaumig rühren.

4. Mehl und Backpulver mischen. Flüssige Schokolade zu den Eiern geben, Mehlmischung zufügen und alles mit den Schneebesen des Handrührgerätes zu einem glatten Teig verrühren. Beiseitegelegte Schokolade unter den Teig heben. Backblech (32 cm × 39 cm) fetten und mit Mehl ausstäuben. Teig in der Fettpfanne verteilen und glatt streichen. Abgetropfte Kirschen auf dem Teig verteilen und im vorgeheiztem Backofen ca. 40 Minuten backen.

5. Brownies auf einem Kuchengitter auskühlen lassen. Brownies in Stücke schneiden und mit Puderzucker bestäuben.

Pro Stück: 4 g E, 34 g Kh, 13 g F

Eischwerkuchen mit Kirschen

■ 20 Min. + 60 Min.
■ 437 kcal pro Stück

1. Die zimmerwarme Butter in Stücke schneiden und mit dem Zucker und der Salzprise so lange rühren, bis eine sanfte Creme entstanden ist und der Zucker sich vollständig aufgelöst hat. Nach und nach die Eier zufügen. Dabei weiterhin rühren, bis eine schaumige, duftige Masse entstanden ist. Mit Vanillezucker, abgeriebener Zitronen- oder Limettenschale, 2 EL Zitronen- oder Limettensaft und dem Alkohol würzen.

2. Mehl, Stärke und Backpulver durch ein Sieb zufügen und rasch untermischen, denn jetzt darf der Teig nicht mehr zerrührt werden.

3. Die Springform mit Butter ausstreichen und mit Zucker ausstreuen. Den Rührteig einfüllen und mit dem Gummischaber glatt streichen. Die Teigmenge steht jetzt gerade mal knapp zweifingerhoch in der Form. Aber der Teig wird beim Backen bis zum Rand hochsteigen – vorausgesetzt, er wurde lang genug gerührt.

4. Die frischen Kirschen entstielen und entsteinen, die eingemachten Kirschen abtropfen und dicht an dicht so eng wie möglich nebeneinander in den Teig drücken. Dabei von außen nach innen arbeiten und darauf achten, dass der Teig gleichmäßig verteilt bleibt – und nicht in der Mitte hochsteigt.

5. Den Kuchen bei 180 °C Heißluft (200 °C Ober-/Unterhitze) etwa 1 Stunde backen.

Info: *Bei diesem Teig sind die Eier das Maß, daher der Name „Eischwerkuchen". So viel wie die Eier wiegen, braucht man jeweils auch von den anderen Zutaten.*

Für 1 Springform (ø 24 cm), 8 Stücke:
180 g Butter
180 g Zucker
1 Prise Salz
3 Eier (180 g)
1 Pckg. Vanillezucker
1 unbeh. Zitrone oder Limette
2 EL Schnaps oder Likör (Kirschwasser oder -likör)
150 g Mehl
30 g Stärke
1 TL Backpulver
1 kg frische Süß- oder noch besser Sauerkirschen (oder 1 Glas abgetropfte eingemachte Kirschen)
Butter und Semmelbrösel für die Form

Pro Stück: 5 g E, 52 g Kh, 21 g F

Heidelbeer-Biskuit

Für 1 Springform (ø 24–26 cm), 4 Stücke:

300 g Heidelbeeren

2 Eier (Gr. M)

1 TL Zitronensaft

60 g Zucker, extra fein

60 g Mehl

½ TL abgeriebene Schale von 1 unbeh. Zitrone

außerdem: etwas Butter oder Margarine zum Einfetten, ½ TL Mehl, 1 EL Puderzucker

1. Die Heidelbeeren verlesen, waschen, trocken tupfen und in eine Schüssel geben.

2. Den Backofen auf 170 °C (Umluft 150 °C, Gas Stufe 2) vorheizen.

3. Eiweiß und Eigelb trennen. Eiweiß und Zitronensaft in einer Schüssel sehr schaumig schlagen. Den Zucker einrieseln lassen und weiterschlagen, bis die Masse steif ist.

4. Eigelb verquirlen und unter die Eiweißmasse rühren, dann das Mehl und die Zitronenschale mit einem Kochlöffel unterheben.

5. Die Springform am Boden mit Backpapier auslegen und einfetten, Teig einfüllen.

6. Die Heidelbeeren mit Mehl bestäuben, in der Schüssel schwenken und auf dem Biskuitteig verteilen.

7. Die Form in den vorgeheizten Backofen, 2. Schiene von unten, setzen und etwa 30 Minuten backen.

8. Den Biskuit aus dem Backofen nehmen, abkühlen lassen, mit einem spitzen Messer den Rand lockern und den Springformrand öffnen. Mit Puderzucker bestäuben. Die Torte in 4 Stücke schneiden.

Pro Stück: 5 g E, 34 g Kh, 4 g F

⏱ 35 Min. + 15 Min.
🔥 267 kcal pro Stück

Rhabarber-Marzipan-Stangen

Für 10 Stück:

70 g Butter

2–3 dünne Stangen Rhabarber

200 g Marzipan-Rohmasse

1 Pckg. (250 g) Strudelteigblätter
(10 Blätter à ca. 30 cm × 31 cm)

4 EL gehobelte Mandeln

Puderzucker zum Bestäuben

Backpapier

Pro Stück: 6 g E, 23 g Kh, 16 g F

1. Backofen (E-Herd: 175 °C, Umluft: 150 °C, Gas: Stufe 2) vorheizen. Butter in einem kleinen Topf schmelzen.

2. Rhabarber waschen, putzen. Die Stangen gegebenenfalls der Länge nach halbieren, auf eine Länge von 12 bis 13 cm und eine Dicke von 1,5 cm zuschneiden.

3. Marzipan-Rohmasse in 10 Stücke zerteilen und mit den Händen zu langen Stangen formen. Je ein Strudelblatt auf die Arbeitsfläche legen, mit Butter bepinseln und ein weiteres darüberlegen, halbieren. Die Ränder mit etwas Butter bepinseln, das untere Drittel des Teiges mit einigen Mandeln bestreuen. Je eine Stange Rhabarber und Marzipan auf das Strudelblatt setzen, die Ränder überklappen und zu einer Stange aufrollen.

4. Stange mit etwas Butter bepinseln und auf ein mit Backpapier ausgelegtes Backblech legen. Die weiteren Stangen nach dem gleichen Verfahren herstellen und mit Abstand auf das Backblech setzen. Im Backofen ca. 15 Minuten backen. Mit Puderzucker bestäuben und servieren.

Für 24 Stücke, 1 Backblech:

700 g Zwetschgen

100 g Macadamianüsse

1 mürber Apfel

150 g Magerquark

6 EL Rapsöl

1 Prise Salz

300 g Mehl (Type 405)

3 gestr. TL Backpulver

2 Pckg. Vanillezucker

1 TL Zimt

50 g Zucker

Mehl für die Arbeitsfläche

Zwetschgenkuchen mit Macadamianüssen

1. Den Backofen auf 180 °C (Umluft) vorheizen. Backblech (35 cm × 40 cm) mit Backpapier auslegen.

2. Die Zwetschgen waschen, längs aufschlitzen und entsteinen. Macadamianüsse fein mahlen, in einer beschichteten Pfanne anrösten, bis sie beginnen zu bräunen. Den Apfel waschen, trocken reiben, vierteln und das Kerngehäuse entfernen, Spalten mit der Schale im Blitzhacker fein zermusen.

3. Quark mit dem Apfel und dem Öl verrühren. Salz mit Mehl, Backpulver und Zucker vermischen, Quarkmix darunterkneten. Ist der Teig zu nass, noch etwas Mehl zufügen.

4. Den Teig auf dem Blech dünn ausrollen. Mit den geriebenen Macadamianüssen bestreuen. Die Zwetschgenhälften gleichmäßig darauf verteilen.

5. Im Backofen etwa 25 Minuten backen. Anschließend Zimt und Zucker vermischen und den heißen Kuchen damit bestreuen.

Pro Stück: 3 g E, 16 g Kh, 6 g F

Tipp: *Ein Klacks Sahne macht das Dessert kalorienreicher – aber passt auch einfach gut dazu.*

Pfirsichkuchen

⏱ 25 Min. + 30 Min.
🔥 140 kcal pro Stück

1. Backofen auf 180 °C vorheizen. Die Pfirsiche entkernen und in schmale Scheiben schneiden, etwa 8 pro Pfirsich. Zitronenschale abreiben, eine halbe Zitrone ausdrücken. Gegebenenfalls die Nüsse im Blitzhacker zerkleinern. Springform ausfetten. Backpapier ist für den sehr flüssigen Teig nicht geeignet.

2. Die Eier mit dem Zitronensaft, Zucker, Vanillezucker und 1 Prise Salz schaumig schlagen, bis sich die Masse verdoppelt bis verdreifacht hat. Dann vorsichtig den Grieß, die gemahlenen Nüsse und den Zitronenabrieb unterrühren.

3. Den Teig auf die Form geben, glatt streichen und mit den Pfirsichstücken dicht belegen. Im vorgeheizten Ofen 30 bis 35 Minuten backen. Nach Belieben mit gesiebtem Puderzucker bestreuen.

Tipp: *Bei den Nüssen haben Sie die Wahl: Haselnüsse schmecken etwas kräftiger als Mandeln. Walnüsse gibt es selten fertig gemahlen. Das ist aber kein Nachteil: Frisch zu Hause gemahlen schmecken Nüsse meist besser.*

Für 1 Springform (ø 26 cm), 12 Stücke:
500 g Pfirsiche
1 unbeh. Zitrone
50 g Nüsse, gemahlen (Mandeln, Hasel- oder Walnüsse)
4 Eier
100 g Zucker
1 Pckg. Vanillezucker (2 EL)
80 g Grieß (Weichweizen)

Pro Stück: 4 g E, 21 g Kh, 4 g F

Zwetschgen-Crumble mit Rosmarinsahne

1. Ofen auf 160 °C vorheizen. Die Form ausfetten, Zwetschgen entsteinen, aufgeklappt auslegen. 1 EL Zucker über das Obst geben.

2. Mehl, Zucker, Zimt und kalte Butter mit den Fingern schnell zu groben Streuseln krümeln. Die Crumbles zusammen mit den Mandelblättchen über den Zwetschgen verteilen. Im vorgeheizten Ofen auf mittlerer Schiene 30 bis 40 Minuten backen.

3. Rosmarinsahne: Mindestens 3 bis 4 Stunden vorher – besser noch am Vorabend – Sahne mit Rosmarin 2 Minuten aufkochen, mit 2 bis 3 TL Aprikosenkonfitüre süßen, kühlen und durchziehen lassen. Vor dem Servieren Rosmarin entfernen, Sahne halbsteif schlagen.

P. P. (ohne Sahne): 4 g E, 45 g Kh, 17 g F

Tipps: *Außerhalb der Zwetschgenzeit sind Crumbles auch mit Äpfeln, Aprikosen oder Birnen köstlich.*

Wenn Sie Kalorien sparen möchten, versuchen Sie es mal mit Streuseln aus Toastkrümeln. Dafür 6 getoastete Scheiben Vollkorntoast im Mixer krümeln, mit 3 bis 4 TL Aprikosenkonfitüre, 1 EL Öl und Mandelblättchen mischen.

Für 1 Form (ø 26–28 cm), ca. 6 Portionen:

750 g Zwetschgen

Teig

1 EL brauner Zucker

2 EL Butter für die Form

100 g Mehl

80 g Zucker

½ TL Zimt

60 g Butter

50 g Mandelblättchen

Rosmarinsahne

200 g Sahne

3 Zweige Rosmarin

2–3 TL Aprikosenkonfitüre

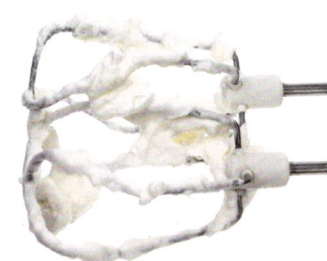

⏱ 25 Min. + 30 Min.
🔥 116 kcal pro Stück

Klassischer Zwetschgenkuchen

Für 1 Backblech, ca. 20 Stücke:

Hefeteig

300 g Mehl

20 g frische Hefe, etwa ½ Würfel

30 g Zucker

150 ml lauwarme Milch

30 g Butter

1 Prise Salz

Belag

1,5 kg Zwetschgen

2–3 EL Johannisbeergelee

außerdem: 2 TL Butter für das Backblech, Mehl zum Ausrollen, 1 EL Milch zum Bestreichen

1. Für den Hefeteig das Mehl in eine Schüssel geben. In die Mitte die zerbröckelte Hefe mit einer Prise Zucker und etwas lauwarmer Milch geben. 15 Minuten zugedeckt gehen lassen.

2. Den fertigen Vorteig zusammen mit den restlichen Zutaten zu einem glatten Teig verkneten. Mit dem Handrührgerät (Knethaken) so lange rühren, bis der Teig glänzt und sich vom Schüsselrand löst.

3. Den Teig aus der Schüssel nehmen und auf der leicht bemehlten Arbeitsfläche von Hand durchkneten. Zugedeckt gehen lassen, bis sich das Volumen des Teiges verdoppelt hat.

4. Die Zwetschgen abspülen, der Länge nach aufschneiden, entsteinen und an den Spitzen ein Drittel einschneiden. Den Backofen auf 200 °C (Umluft 180 °C, Gas Stufe 3 ½) vorheizen.

5. Den Teig noch einmal gründlich mit der Hand durchkneten und schlagen. 5 Minuten ruhen lassen.

6. Das Blech einfetten. Den Teig auf einer leicht bemehlten Fläche ausrollen und auf das Backblech legen, dabei den Rand hochziehen. Den Teig dünn mit Milch bestreichen.

7. Die Zwetschgen nebeneinander schuppenartig auf den Teig setzen. Das Blech in den vorgeheizten Backofen, 2. Schiene von unten, setzen und etwa 30 Minuten backen.

8. Das Johannisbeergelee in einem kleinen Topf verrühren, aufkochen und die Zwetschgen rasch damit bestreichen.

Pro Stück: 2 g E, 23 g Kh, 1,5 g F

Tipps: *Wird Zucker über die Früchte gestreut, sammelt sich Saft an. Werden sie dagegen mit verrührtem Johannisbeergelee bestrichen, wird die Saftbildung verhindert. Auch glänzen die Früchte schön, Konsistenz und Aroma werden aufgepeppt.*

Damit der Fruchtsaft nicht vom Kuchen läuft, können Sie den Teig, bevor Sie ihn mit den Zwetschgen belegen, auch mit Semmelbröseln, geriebenen Mandeln oder Nüssen bestreuen.

Karamellisierte Ananastorte

⏱ 30 Min. + 50 Min.
🔥 325 kcal pro Stück

1. Beide Enden der Ananas abschneiden, Frucht senkrecht auf ein Brett stellen und mit einem scharfen Messer die Schale abschneiden, dabei alle braunen Stellen entfernen. Ananas längs vierteln, von jedem Viertel die hölzerne Mitte entfernen. Alles in Stücke schneiden, abtropfen lassen, dabei etwas Saft auffangen.

2. Den Boden und unteren Rand der Springform von außen fest in doppelte Alufolie wickeln, damit beim Backen keine Zuckerlösung austritt. Die Form mit einem Viertel der Butter dick ausfetten.

3. Den Zucker für den Belag in einem Topf unter Umrühren vorsichtig erhitzen, bis er flüssig und ganz leicht gebräunt ist, in die Springform geben und die Ananasstücke darauflegen. Rund um den Rand gut 1 cm freilassen. Kokosflocken in Zwischenräume streuen.

4. Backofen auf 180 °C vorheizen. Für den Teig restliche Butter, Zucker, geriebene Zitronenschale schaumig schlagen, ein Ei nach dem anderen unterrühren. Mehl mit Pudding- und Backpulver in einer zweiten Schüssel gut vermischen, nach und nach unter die Butter-Ei-Masse rühren. Den Rührteig über die Ananas geben. In der Mitte des Backofens 45 bis 50 Minuten backen.

5. Den Kuchen in der Form nur wenige Minuten auskühlen lassen. Dann den Rand mit einem Messer lösen und noch warm auf eine Kuchenplatte stürzen.

Tipps: *Die Torte muss gestürzt werden, solange sie warm ist. Wenn das Karamell kalt und hart wird, lässt es sich nicht mehr aus der Form lösen.*

Sie können anstelle von frischer Ananas auch Dosenananas nehmen. Bei einer Springform mit einem Durchmesser von 26 cm brauchen Sie etwa 2 Dosen.

Für 1 Springform (ø 26 cm), 12 Stücke:
Belag
1 frische Ananas (etwa 700 g Fruchtfleisch)
150 g Zucker
1 Pckg. Vanillezucker (2 EL)
3–4 EL Kokosflocken
Rührteig
200 g Butter, weich
100 g Zucker
1 unbeh. Zitrone, Schale
4 Eier
200 g Mehl
1 Pckg. Puddingpulver, Vanille
1 Pckg. Backpulver

Pro Stück: 4 g E, 42 g Kh, 15 g F

Apfelkuchen mit Eierguss

Für 1 Springform (ø 26 cm), 12 Stücke:

Mürbeteig

250 g Mehl

125 g kalte Butter

1 Prise Salz

1 Ei (Gr. M)

75 g Zucker

evtl. 1–2 EL Grappa

Butter für die Form

Belag

1 kg säuerliche Äpfel

200 g Sahne

3 Eier

75–100 g Zucker
(nach Geschmack)

1 Pckg. Vanillezucker

abgeriebene Zitronenschale

außerdem: Puderzucker
zum Bestäuben

Pro Stück: 6 g E, 41 g Kh, 16 g F

1. Das Mehl in eine Schüssel geben, die kalte Butter in Stücken oben-auf verteilen, Salz zufügen, das Ei sowie den Zucker. Mit dem Knet-haken des Handrührers kneten, bis sich alles zu einem Teig verbun-den hat, dabei den Schnaps zufügen. Das muss alles schnell gehen, damit die Butter sich nicht erwärmt, sonst schmiert der Teig.

2. Den Teig dünn ausrollen und eine eingefettete Springform damit auslegen. Den Rand schön hochziehen und glatt abschneiden, damit er eine schöne Kante bekommt.

3. Die Äpfel schälen, vierteln, vom Kerngehäuse befreien, längs in halbfingerdicke Scheiben schneiden. Auf dem Teigboden von außen nach innen dachziegelartig anordnen.

4. In den auf 180 °C Heißluft (200 °C Ober- und Unterhitze) vorge-heizten Backofen schieben; wenn möglich sogar Unterhitze wählen oder die Form so weit wie möglich unten einschieben. Etwa 30 Mi-nuten vorbacken.

5. Inzwischen Sahne, Eier, Zucker, Vanillezucker und Zitronenschale glatt quirlen. Auf den vorgebackenen Boden gießen. Weitere 15 bis 20 Minuten backen, bis die Eiersahne gestockt und ist. Die Apfelkanten sollten jetzt appetitlich bräunen, dürfen sogar richtig dunkel kara-mellisierte Stellen zeigen.

6. Den Kuchen vor dem Servieren mit Puderzucker bestäuben. Er schmeckt am allerbesten gerade eben noch lauwarm zum Kaffee. Ruhig mit einem Schlag Sahne abrunden.

Tipp: *Wenn der Teig zu weich erscheint, auf keinen Fall mehr Mehl zufügen! Sonst bekommt man nachher keinen mürben Kuchen, son-dern eher bretthartes Beton. Lieber alles aus der Rührschüssel holen, in Folie wickeln und kalt stellen, bis sich der Teig wieder formen lässt.*

Clafoutis mit Kirschen

1. Ofen auf 200 °C vorheizen. Eine Tarteform mit 10 g Butter ausfetten. Etwa zwei Drittel der gewaschenen, entsteinten, gut abgetropften Kirschen darin verteilen.

2. Eier, Vanillezucker, Puderzucker und weiche Butter mit der abgeriebenen Schale einer halbe Zitrone sehr schaumig schlagen. In einer zweiten Schüssel Mehl und Milch verquirlen, unter die Schaummasse heben, über die Kirschen geben.

3. Restliche Kirschen auf der Masse verteilen, im vorgeheizten Ofen 35 bis 40 Minuten backen. Möglichst warm servieren, vorher mit Puderzucker bestäuben.

Pro Portion: 9 g E, 42 g Kh, 9 g F

Für 4 Portionen, 1 Tarteform:
10 g Butter
500 g dunkle Kirschen
3 Eier
1 Pckg. Vanillezucker
50 g Puderzucker
20 g Butter
½ unbeh. Zitrone
50 g Mehl
200 ml Milch

Tipps: *Cremiger, aber auch kalorienreicher wird das Dessert, wenn Sie die Milch ganz oder teilweise durch Crème fraîche ersetzen.*

Auch jedes andere weiche aromatische Obst wie Aprikosen, Birnen, Himbeeren oder Pfirsiche eignet sich für dieses Rezept. Es muss nicht unbedingt frisch sein – Kirschen aus dem Glas oder Pfirsiche aus der Dose machen sich sehr gut.

Dasselbe Rezept, ohne Zucker und beispielsweise mit Zucchini und Ziegenkäse zubereitet, ergibt ein schnelles Abendessen für zwei, ähnlich einer Quiche.

Apfelstrudel

Für 4 bis 6 Portionen:

Strudelteig

250 g Mehl
1 Prise Salz
1 EL Öl
1 Ei (Gr. M)
ca. 100 ml Wasser

Füllung

ca. 1 kg aromatisch-säuerliche Äpfel (Gravensteiner, Elstar, Boskop)
1 unbeh. Zitrone
2–3 EL Zucker
evtl. ¼ TL Zimt
evtl. etwas Cayennepfeffer
100–150 g Butter
2 gehäufte EL Mandelblättchen
100 g Semmelbrösel
2 EL in Rum (oder Apfelbrand) eingeweichte Rosinen
ca. 125 ml halb Milch/halb Sahne zum Begießen

P. P. (bei 6): 10 g E, 75 g Kh, 24 g F

1. Mehl in eine Rührschüssel füllen, Salz, Öl und Ei zufügen. Mit dem Knethaken des Handrührers auf mittlerer Geschwindigkeit kneten, dabei langsam und stetig das lauwarme Wasser zugießen. Wenn sich alles zu einem weichen Teig verbunden hat, weitere 5 Minuten auf höherer Geschwindigkeit kneten. Den Teig dann zu einer Kugel geformt unter einer mit heißem Wasser ausgespülten Schüssel eine halbe Stunde ruhen lassen.

2. Die Äpfel vierteln, schälen, vom Kerngehäuse befreien, quer in feine Scheibchen hobeln und in einer Schüssel mit Zitronensaft, abgeriebener Schale der halben Zitrone und Zucker vermischen. Mit einem Hauch Zimt, eventuell sogar mit einer Spur Cayenne würzen.

3. Die Butter in einer Pfanne schmelzen, die Hälfte davon in eine Schüssel abgießen (später zum Bepinseln). In der restlichen Butter die Mandelblättchen anrösten. Herausheben und beiseitestellen. Schließlich die Semmelbrösel in der Pfanne rösten, bis sie duften.

4. Zum Ausrollen des Strudelteigs ein großes Küchentuch auf der Arbeitsfläche ausbreiten. Mit Mehl bestäuben. Die Teigkugel mit dem Nudelholz dünn ausrollen. Und dann vorsichtig auszuziehen: Dafür mit den bemehlten Handrücken unter die Teigfläche fahren und sie durch Anheben behutsam dehnen. Keine Angst dabei: Der Teig ist elastisch genug, er gibt nach, wird durchscheinend dünn. Sollte ein Loch reißen, einfach durch Zusammendrücken flicken. Am Ende sollte man das Muster des Küchentuchs darunter deutlich erkennen können.

5. Die gesamte Teigfläche mit flüssiger Butter einpinseln. Auf einem Drittel der Fläche, und zwar eine der langen Seiten entlang, die Hälfte der Butterbrösel verteilen. Darauf die Apfelscheibchen streuen, dazwischen die Rosinen und die Mandelblättchen (oder Stifte) geben. Die restlichen Brösel auf dieser Apfelschicht verteilen – die übrigen zwei Drittel der Teigfläche bleiben frei.

6. Jetzt wird der Strudel aufgerollt: Das Tuch an der belegten Seite anheben, es rollt sich so der Strudel nahezu von selbst auf. Mithilfe

des Tuchs auf das Backblech oder in eine feuerfeste flache Braten-
form heben, dort zu einem U oder einer Schnecke zusammenbiegen.
Den Strudel mit reichlich flüssiger Butter einpinseln und bei 200 °C
Heißluft (220 °C Ober- und Unterhitze) etwa 35 bis 40 Minuten
backen.

7. Bereits nach 5 bis 10 Minuten Backzeit die Milch-Sahne-Mischung
angießen. Während des weiteren Backens ab und zu mit Butter einpinseln, bis die Hülle knusprig und goldbraun geworden ist.

Limettentarte

1. Ofen auf 200 °C vorheizen. Etwa 3 TL Schale von den Limetten abreiben. 1 TL davon mit Mehl, Butter, Zucker und Eigelb zu einem Teig verkneten, mindestens 30 Minuten kalt stellen.

2. Teig dünn ausrollen, eine eingefettete Tarte- oder Springform damit auslegen, mehrmals mit einer Gabel einstechen. Einen 2 cm hohen Rand formen. Im Ofen knapp 15 Minuten backen.

3. Limetten ausdrücken. Mit dem Schneebesen Eier, Zucker, Crème fraîche, die ungefähr 2 verbliebenen TL Limettenschale und den Saft (etwa 150 ml) verrühren. Die Füllung auf den fertig gebackenen, abgekühlten Boden geben und bei 140 °C wiederum 35 bis 40 Minuten backen.

Pro Stück: 6 g E, 38 g Kh, 19 g F

Tipps: *Anstelle von Crème fraîche schmeckt für die Füllung auch Mascarpone – deutlich weniger üppig ist Sahnequark.*

Geriebene Limetten- oder Zitronenschale verfeinert viele Speisen. Abgehobelt oder gerieben lässt sich die Schale auf Vorrat einfrieren.

Für 1 Tarte- oder Springform (ø 26 cm), 8 Stücke:
5 unbeh. Limetten
Boden
150 g Mehl
100 g Butter
30 g Zucker
1 Eigelb
Füllung
3 Eier
150 g Zucker
150 g Crème fraîche

⏲ 30 Min. + 45 Min.
🔥 288 kcal pro Stück

Walnusstorte mit Birnen

**Für 1 Springform (ø 26 cm),
12 Stücke:**

Biskuitteig

4 Eier (Gr. M)

150 g feinster Zucker
oder Puderzucker

200 g Walnusskerne,
fein gemahlen

1 gestrichener TL Backpulver

Belag

2 mittelgroße reife Birnen

Saft von ½ Zitrone

250 g Preiselbeeren
(aus dem Glas)

200 g Schlagsahne

evtl. Kakao- oder
Schokoladenpulver

Walnusshälften zum Dekorieren

Pro Stück: 5 g E, 27 g Kh, 18 g F

1. Den Backofen auf 150 °C (Umluft 130 °C, Gas Stufe 1) vorheizen. Eier trennen. Eigelb und Zucker in einer Schussel weißcremig schlagen. Eiweiß steif schlagen und auf die Eigelbmasse geben.

2. Die Nüsse mit Backpulver mischen, auf die Eiweißmasse geben und alles locker mit dem Rührlöffel unterheben.

3. Den Boden einer Springform mit Backpapier auslegen und den Teig einfüllen.

4. In den vorgeheizten Backofen, 2. Schiene von unten, setzen und etwa 40 bis 45 Minuten backen.

5. Inzwischen die Birnen schalen und achteln. Blütenansatz, Stiel und das Kerngehäuse entfernen. Die Achtel noch einmal halbieren. In einem Topf mit ½ Tasse Wasser und dem Zitronensaft zugedeckt 8 bis 10 Minuten dünsten. Herausnehmen und abkühlen lassen. Den Saft anderweitig verwenden.

6. Nach dem Backen den Boden 5 bis 8 Minuten in der Springform abkühlen lassen. Mit einem spitzen Messer den Rand lockern und die Form öffnen. Den Boden auf ein Kuchengitter stürzen und das Papier abziehen, damit der Boden auskühlen kann.

7. Die Preiselbeeren glatt rühren, die Schlagsahne steif schlagen. Auf der Teigoberfläche erst die Preiselbeeren, dann die Schlagsahne (etwa ⅓ beiseitestellen) darauf verteilen.

8. Die Birnenspalten kreisförmig auf die Sahne setzen. Mit restlicher Schlagsahne den Rand garnieren. Eventuell mit Kakao- oder Schokoladenpulver bestäuben.

Tipps: *Biskuitteig muss sofort gebacken werden, damit die eingeschlagene Luft nicht vorzeitig entweicht.*

Die Form darf nur am Boden gefettet sein. Der Teig geht sonst nicht auf.

Aprikosentarte

1. Das Mehl in eine Schüssel geben, die kalte Butter in Stücken obenauf verteilen, Salz zufügen, das Ei sowie den Zucker. Mit dem Knethaken des Handrührers kneten, bis sich alles zu einem Teig verbunden hat, dabei den Schnaps zufügen. Das muss alles schnell gehen, damit die Butter sich nicht erwärmt, sonst schmiert der Teig.

2. Den Teig 30 Minuten in einem Gefrierbeutel im Kühlschrank ruhen lassen, dann auf einem Stück Klarsicht- oder Plastikfolie dünn ausrollen.

3. Mithilfe der Folie zur eingefetteten Springform transportieren, kopfüber stürzen und die Springform mit dem Teig auskleiden. Die Folie vorsichtig abziehen.

4. Ricotta mit Zucker, Zitronenschale und Eiern mit dem Mixstab oder Schneebesen glatt quirlen, auf dem Teigboden verteilen. Die Aprikosen halbieren, entsteinen, dicht an dicht auf dieser Creme anordnen.

5. Die Form auf der untersten Schiene in den Ofen schieben. Bei 200 °C Heißluft (220 Ober- und Unterhitze) etwa 30 Minuten backen. Der Rand soll dunkelbraun und knusprig sein, die Aprikosen dürfen ruhig schon dunkle Stellen zeigen.

Pro Stück: 6 g E, 33 g Kh, 13 g F

Für 1 Springform (ø 28 cm), 12 Stücke:
Mürbeteig
250 g Mehl
125 g kalte Butter
1 Prise Salz
1 Ei (Gr. M)
75 g Zucker
evtl. 1–2 EL Grappa
Belag
Butter für die Form
250 g Ricotta
abgeriebene Zitronenschale
2–3 EL Zucker
2 Eier
1,2 kg Aprikosen, reif, aber fest

Tarte Tatin Apfel-Birne

**Für 1 Tarteform (ø 28 cm),
8 Stücke:**

3 Platten Blätterteig, tiefgefroren
(oder 1 Packung
aus dem Kühlregal)

600 g feste Äpfel
(Golden Delicious)

600 g feste kleine Birnen

60 g Butter

150 g Zucker

50 g Mandelblättchen

2 EL Zitronensaft

2 EL Birnengeist oder Calvados
(optional)

1. Ofen auf 250 °C vorheizen, möglichst nur Unterhitze. Gefrorenen Blätterteig auftauen lassen. Obst waschen, vierteln und entkernen, nicht schälen. Die Apfelviertel jeweils längs halbieren oder dritteln, die Segmente sollen außen etwa 3 cm dick sein. Birnen in kleinere Stücke schneiden.

2. Tarteform mit 10 g Butter ausstreichen. 15 g Zucker darübergeben, dann die Mandelblättchen. Apfelsegmente von außen kreisförmig zur Mitte in die Form legen. Birnen mit 135 g Zucker, 50 g Butter und Zitronensaft in einer Pfanne leicht bräunen. Das kann 20 Minuten dauern. Über die Äpfel geben.

3. Blätterteig 5 mm überlappend auslegen, ausrollen, als runde Fläche über die Tarte legen. Der Teig soll 1 bis 2 cm überstehen. Einige Löcher hineinstechen, auf dem untersten Rost 20 bis 30 Minuten backen. Dann locker mit Alufolie abdecken, 30 bis 45 Minuten bei 220 °C backen – je nach gewünschter Bräunung der Karamellschicht. Herausholen, spätestens nach 10 Minuten auf eine Platte stürzen, sonst löst sich das Karamell nicht. Nach Geschmack Birnengeist darüberträufeln.

Pro Stück: 2 g E, 42 g Kh, 12 g F

Tipp: *Tartes schmecken am besten warm, sind aber noch ein paar Tage später ein Genuss. Sehr gut dazu ist Vanilleparfait.*

⏱ 20 Min. + 30 Min.
🍽 245 kcal pro Stück

Möhrenkuchen mit Orangenguss

1. Den Backofen auf 180 °C (Ober-/Unterhitze) vorheizen. Ein großes Backblech (etwa 30 cm × 40 cm) mit Backpapier auslegen, alternativ mit Butter ausfetten.

2. Eine halbe Zitrone abreiben, den Saft ausdrücken. Die Möhren waschen, mittelgrob raspeln und mit dem Zitronensaft mischen. Die Eier mit dem Zucker sehr schaumig schlagen. Den Vanillezucker mit dem Backpulver mischen und zusammen mit Mehl und Zucker dazugeben, dann die weiche Butter, Salz, Zitronenschale, Zimt, Mandeln und den Orangensaft. Alles zu einem glatten Teig rühren, die geraspelten Möhren vorsichtig untermischen.

3. Den Teig auf dem Backblech glatt streichen, etwa 30 Minuten backen und 5 Minuten auskühlen lassen. Für den Guss Puderzucker mit Orangensaft verrühren und auf dem noch warmen Kuchen verteilen.

4. Statt Zimt machen sich auch andere leicht exotische Gewürze gut in dem Möhrenkuchen, z. B. eine Prise Muskat oder 1 EL frisch geriebener Ingwer mit Orangenschalen.

Pro Stück: 6 g E, 20 g Kh, 15 g F

Tipps: *Je länger der Kuchen unter der Glasur durchzieht, desto intensiver schmeckt er.*

Wer lieber eine 26er-Springform oder eine Kastenform nimmt, halbiert einfach die Zutatenmenge. Der Kuchen lässt sich auch gut auf Vorrat backen und einfrieren. Dann aber den Zuckerguss erst später auftragen!

Für 1 Backblech, 24 Stücke:

Teig

1 unbeh. Zitrone

300 g Möhren

3 Eier (Gr. M)

2 Pckg. Vanillezucker

1 Pckg. Backpulver

300 g Mehl

200 g Zucker

200 g weiche Butter

1 TL Zimt

200 g gemahlene Mandeln

200–250 ml Orangensaft

Guss

200 g Puderzucker

4 EL Orangensaft

4

TORTEN

☒ 25 Minuten
☒ 350 kcal pro Stück

Schnelle Geburtstagstorte mit Knuspermüsli

Für 1 Springform (ø ca. 26 cm), 12 Stücke:

500 g Frischkäse, Doppelrahmstufe
250 g Frischkäse (etwa 13 % F. i. Tr.)
250 g Magerquark
75 g Zucker
1 TL geriebene Zitronenschale
1 Wiener Boden, dreilagig dunkel
700 g gefrorene Beeren (wie Himbeeren, Blaubeeren, Kirschen, Mischungen)
300 g Knuspermüsli mit Schoko
3 EL Orangenmarmelade oder Waldbeerkonfitüre
300 g frische Beeren (wie Erdbeeren, Physalis, Johannisbeeren)

1. Die beiden Frischkäsesorten mit Quark, Zucker und geriebener Zitronenschale zu einer relativ festen Creme rühren – sie soll Spitzen ziehen. Jeder Quark ist unterschiedlich fest: Bei Bedarf mit Joghurt verdünnen.

2. Den untersten Wiener Boden in eine Springform geben, mit 350 g Creme bestreichen, die Hälfte der Beeren darauf verteilen, 100 g Knuspermüsli darüberstreuen. Den zweiten Boden fest andrücken, nur mit Beeren belegen. Den letzten Boden auflegen, mit 100 g Creme bestreichen. Wenn möglich 2 Stunden kühl stellen.

3. Die Springform öffnen, die Torte eventuell vorsichtig mit einem nassen Messer von der Form lösen. Den Rand mit der restlichen Creme bestreichen, darauf das restliche Müsli, mit den Händen leicht andrücken. Die Marmelade auf der Tortenmitte kreisförmig verstreichen, die frischen Beeren daraufgeben. Wer möchte, bestreut den Rand mit geraspelter Schokolade.

Pro Stück: 10 g E, 39 g Kh, 14 g F

Bienenstichtorte mit Lavendelhonig

Für 1 Springform (ø 26 cm), 12 Stücke:

Teig

150 ml Milch

30 g Butter

4 EL Zucker

1 Pckg. Vanillezucker (2 EL)

1 Ei

20 g Hefe, frisch

300 g Mehl

Belag

175 g Butter

50 g Zucker

1 Pckg. Vanillezucker (2 EL)

2 EL Lavendelhonig

200 g Mandeln, gehobelt

1 TL Lavendelblüten

Füllung

350 ml Milch

1 Pckg. Puddingpulver, Vanille

50 g Zucker

50 g Butter

Pro Stück: 8 g E, 40 g Kh, 27 g F

1. Milch erhitzen, Butter, Zucker, 1 Prise Salz darin zerlassen, das Ei unterquirlen. Nicht kochen lassen! Vom Herd nehmen, die Hefe unterrühren. Mehl in eine Schüssel schütten, die warme Milch-Hefe-Mischung hineingeben und mit den Knethaken verrühren.

2. Diesen Vorteig zudecken und etwa 20 Minuten an einem warmen Platz gehen lassen. Anschließend auf einer bemehlten Fläche zu einem glatten Teig kneten und nochmals warm und zugedeckt etwa 30 Minuten gehen lassen, bis er sich auf das Doppelte vergrößert hat.

3. Für den Belag alle Zutaten bis auf die Mandeln und die Lavendel-blüten in einem Topf langsam erhitzen. Beim Aufkochen die Man-deln unterrühren, abkühlen lassen. Den Boden der Springform mit Backpapier auslegen. Den Teig mit etwas Mehl ausrollen, die Form damit auslegen und einen kleinen Rand formen. Den Belag auf dem Teig verteilen und nochmals etwa 10 Minuten gehen lassen. Während-dessen den Backofen auf 180 °C vorheizen.

4. Den Kuchen 20 bis 30 Minuten goldbraun backen. Inzwischen die Milch für die Füllung erhitzen, mit angerührtem Puddingpulver und Zucker aufkochen, Butter hinzufügen. Kühl stellen, dabei immer wieder umrühren.

5. Den gut ausgekühlten Kuchen waagerecht durchschneiden. Hier-für mit einem Messer einmal rundherum anritzen und anschließend mit einem Faden durchtrennen. Die Füllung auf der unteren Hälfte verstreichen. Die Mandeldecke in 12 Stücke schneiden und Stück für Stück wieder auf die Füllung setzen. Einige getrocknete Lavendel-blüten über der Torte zerbröseln.

Tipp: *Anstelle von Lavendelhonig schmecken auch Orangenblüten-honig und geriebene Orangenschale auf der Mandelschicht. Auch gut: Rosenblütenkonfitüre und Rosenblätter zur Dekoration.*

■ 20 Min. + 70 Min.
■ 310 kcal pro Stück

Kirsch-Schokotorte

1. Backofen auf 200 °C vorheizen. Boden einer Springform mit Back-papier bedecken. Kirschen waschen, entsteinen beziehungsweise Kirschen aus dem Glas in ein Sieb geben, Saft auffangen. Eier tren-nen, das Eiweiß mit 1 Prise Salz steif schlagen, beiseitestellen. Mehl, Kakao, Backpulver und die gemahlenen Gewürze sehr gut vermi-schen.

2. Eigelb und Zucker hell-schaumig schlagen, dann nach und nach die Mehlmischung unterrühren. Zum Schluss den Eischnee unter-heben. Die gut abgetropften Früchte in etwa 1 EL Mehl wenden. Den Teig in die Form füllen und erst jetzt vorsichtig von oben die Früchte unterheben. Mit den gehackten Mandeln bestreuen.

3. Auf einer unteren Schiene des Backofens zunächst 10 Minuten bei 200 °C backen, dann auf 170 °C herunterschalten und für weitere 60 Minuten backen. Falls die Torte sehr dunkel wird, nach 30 Minu-ten mit Backpapier abdecken. Vor dem Servieren den abgekühlten Kuchen mit Kirschgeist oder Kirschsaft beträufeln.

Tipp: *Das leichte Einmehlen der Kirschen und ihr spätes Unterheben in den Teig sollen verhindern, dass die wasserhaltigen, schweren Früchte in der Form alle zu Boden sinken, denn dadurch wird der Teig im unteren Drittel oft zu feucht und backt nicht genügend durch. Die kurzfristig sehr hohe Anfangstemperatur hilft zusätzlich, den Teig rasch etwas zu festigen.*

Für 1 Springform (ø 26 cm), 12 Stücke:

1 kg frische Sauerkirschen, ersatzweise 2 Gläser ohne Saft
6 Eier
200 g Mehl
50 g Kakao
1 Pckg. Backpulver
je ½ TL Zimt und Kardamom
300 g Zucker
100 g Mandeln, gehackt
150 ml Kirschgeist oder Kirschsaft

Pro Stück: 9 g E, 46 g Kh, 9 g F

**Für 1 Springform (ø 26–28 cm),
16 Stücke:**

6 Eier (Gr. L)

1 TL Zitronensaft

400 g Puderzucker

1 TL Zimt

1 TL geriebene Zitronenschale

1 Pckg. Backpulver

400 g geschälte,
gemahlene Mandeln

evtl. 2 EL Rum, Weinbrand
oder Amaretto

Mandeltorte italienisch

1. Eiweiß und Eigelb von 6 Eiern trennen. Das Eiweiß mit Zitronensaft steif schlagen. Eigelb mit Zucker, Zimt und Zitronenschale schaumig schlagen, Backpulver und gemahlene Mandeln unterrühren. Die Zugabe von etwas Rum oder Weinbrand macht den Teig lockerer. Den Eischnee vorsichtig unterheben.

2. Den Boden einer Springform mit Backpapier auslegen, die Mandelmasse einfüllen. Im vorgeheizten Backofen auf unterer Schiene bei 170 °C (150 °C Umluft) 45 Minuten backen. Die ausgekühlte Torte eventuell mit Puderzucker bestreuen.

Pro Stück: 8 g E, 28 g Kh, 16 g F

Tipps: *Für Kaffeeklatsch und Buffet darf die Torte reichhaltiger sein. Legen Sie den Boden der Springform dick mit gehobelten Mandeln aus, dann mit einer dünn ausgerollten Marzipanschicht. Oder belegen Sie den Boden mit kleinen italienischen Mandelkeksen (Amarettini), die Rundung nach unten. Zum Servieren wird diese Torte gestürzt.*

Mandeln enthalten viel Fett. Da glaubt man gern den wissenschaftlichen Studien, die darauf hinweisen, dass nur knapp die Hälfte der in Mandeln enthaltenen Fette vom Körper aufgenommen und kalorisch verwertet wird – der Rest wird einfach wieder ausgeschieden.

Torta Caprese al Limone

1. Backofen auf 200 °C vorheizen. Zitronenschale reiben, Saft auspressen. Schokolade grob raspeln oder im Mixer fein hacken. Eier trennen, das Eiweiß mit 1 Prise Salz steif schlagen. Eigelb mit Zucker schaumig schlagen, Mandeln, Puddingpulver, geriebene Zitronenschale und Zitronensaft unterrühren. Zum Schluss das Eiweiß unterheben.

2. Den Boden einer Springform mit Backpapier auskleiden, einfetten und mit Zwiebackbröseln ausstreuen. Den Teig in die Springform füllen. Im unteren Drittel des Backofens 10 Minuten bei 200 °C backen, dann die Hitze auf 170 °C herunterschalten und für weitere 45 Minuten backen. Nach etwa 30 Minuten Backzeit die Torte locker mit Alufolie abdecken.

3. Die fertige Torte vom Rand lösen, aber in der Form auskühlen lassen, am besten über Nacht. Mit einer Gabel mehrfach in die Oberfläche stechen, mit Limonenlikör beträufeln, einziehen lassen, dann dick mit Puderzucker bestreuen. Sehr kalt servieren.

Pro Stück: 9 g E, 23 g Kh, 21 g F

Tipp: *Diese Zitronen-Mandel-Torte schmeckt am besten, wenn sie einen Tag vorher zubereitet wird und alle Aromen gut durchgezogen sind. Kühl aufbewahrt bleibt sie mehrere Tage lang frisch und aromatisch. Sie lässt sich auch gut einfrieren.*

Für 1 Springform (ø 26 cm), 16 Stücke:
3 unbeh. Zitronen
250 g Schokolade, weiß
8 Eier
200 g Zucker
250 g Mandeln, gemahlen
100 g Mandeln, gehackt
1 Pckg. Puddingpulver, Vanille
3 EL Zwiebackbrösel
3 EL Limonenlikör
50 g Puderzucker

Campari-Orangen-Torte

**Für 1 Springform (ø 26 cm),
16 Stücke:**

Boden

200 g Butterkekse, Vollkorn

100 g Butter, geschmolzen

40 g rotes Gelee (2 EL)

50 g Schokolade, dunkel

Camparicreme

7 Blatt Gelatine, rot

250 g Erdbeerkonfitüre

60 ml Campari

250 g Crème fraîche

40 g Zucker

evtl. 200 g Erdbeeren

400 g Sahne

Orangencreme

7 Blatt Gelatine, farblos

4 unbeh. Orangen

1 Zitrone

75 g Zucker

250 g Sahne

Belag

½ Pckg. Tortenguss, rot

50 ml Campari

2 EL Zucker

1. Die Kekse zerkrümeln, mit der geschmolzenen Butter in eine Springform (mit Backpapier) drücken. Gelee – eventuell mit 1 bis 2 EL Campari – verflüssigen, auf dem Boden verteilen, Schokolade darüberreiben. Boden 6 bis 8 Minuten bei 160 °C (Umluft) erhitzen, bis die Schokolade schmilzt.

2. Rote Gelatine 5 bis 10 Minuten einweichen. Erdbeerkonfitüre mit Campari, Crème fraîche und Zucker verrühren. Die abgetropfte Gelatine in 1 bis 2 EL Wasser bei niedriger Hitze auflösen, unter die Camparicreme rühren, kalt stellen. Sobald die Creme zu gelieren beginnt (nach etwa 30 Minuten), geschlagene Sahne unterziehen. Creme auf den Boden füllen, etwa 2 bis 3 Stunden kalt stellen. Wenn Saison ist, vorher 200 g frische gewaschene Erdbeeren dekorativ verteilt auf den Boden stellen

3. Helle Gelatine einweichen. Von einer Orange die Schalen abreiben oder dünn schälen und fein schneiden. Orangen auspressen, es werden 400 ml Saft benötigt. 200 ml mit dem Schalenabrieb, dem Saft von 1 Zitrone und 75 g Zucker 5 Minuten köcheln lassen. Abgetropfte Gelatine im warmen Saft auflösen, den restlichen Saft dazugeben, kalt stellen. Wenn der Saft zu gelieren beginnt, geschlagene Sahne unterziehen. Auf der Camparicreme verteilen, erneut mindestens 3 Stunden kalt stellen.

4. Zur Dekoration Tortenguss mit 50 ml Campari, 2 EL Zucker und Wasser nach Anweisung zubereiten, mit dem Löffel über die Orangencreme geben.

Pro Stück: 5 g E, 65 g Kh, 24 g F

Tipps: *Aperol statt Campari? Dann dosieren Sie großzügiger, er schmeckt weniger intensiv. Ohne Alkohol bringen Grenadine- oder Bittersirup ähnliche Effekte.*

Etwas kalorienärmer wird die Camparicreme so: 400 g Erdbeeren mit Campari nach Geschmack und 1 bis 2 EL Zucker pürieren, 7 Blatt aufgelöste Gelatine und später 200 g geschlagene Sahne unterziehen.

Quarktorte

⏱ 20 Min. + 80 Min.
🍽 372 kcal pro Stück

1. Die zimmerwarme Butter mit Zucker in der Küchenmaschine mit dem Schneebesen zu einer dicken, hellen Creme schlagen. Unterdessen die Eier sorgfältig trennen. Nach und nach die Eigelbe der Creme zufügen und weiterschlagen, bis die Masse dicht und cremig ist. Mit Zitronenschale, Zitronensaft und Zitronenlikör würzen.

2. Den trockenen Quark in einer Schüssel mit Grieß, Mehl und Backpulver glatt rühren, falls er beim Abtropfen sehr trocken und deshalb dafür zu fest geworden ist, den Mixstab zu Hilfe nehmen. Schließlich in zwei Portionen unter die Eiercreme in der Küchenmaschine mischen, dafür den Schneebesen, wenn vorhanden, gegen den Rührbesen austauschen.

3. Die Eiweiße mit der Salzprise zu steif-cremigem Schnee schlagen, ebenfalls portionsweise unter die Quarkmasse ziehen.

4. Den Boden einer Springform mit Backpapier bespannen, den Rand mit Butter ausstreichen, den Grieß hineinschütten und die Form drehen und wenden, bis sie innen davon gleichmäßig überzogen ist.

5. Die Quarkmasse einfüllen, die Form etwas schütteln, damit sie sich gleichmäßig verteilt.

6. Bei 160 °C Heißluft (180 °C Ober- und Unterhitze) etwa 65 bis 70 Minuten backen. Aus dem Ofen holen, in der Form etwa zehn Minuten abkühlen. Dann aus der Form lösen und mit dem Papier, das am Boden übersteht, auf ein Kuchengitter ziehen. Dort weiter auskühlen lassen. Und erst kurz vor dem Servieren mit Puderzucker bestäuben.

Tipp: *Der Quark darf nicht nass sein. Daher lohnt es sich, ihn durch ein mit Küchenpapier ausgelegtes Sieb in eine Schüssel abtropfen zu lassen. Einen Deckel auflegen oder Klarsichtfolie darüberspannen und das Ganze für 24 Stunden in den Kühlschrank stellen. Es ist erstaunlich, wie viel Flüssigkeit da herausläuft – übrigens äußerst gesunde Molke, die Sie trinken können.*

Für 1 Springform (ø 26 cm), 12 Stücke:
175 g Butter
250 g Zucker
6 Eier
1 TL Zitronenschale
3 EL Zitronensaft
2 EL Zitronenlikör
1 kg Magerquark oder Schichtkäse
100 g Hartweizengrieß
1 EL Mehl
½ Pckg. Backpulver
1 Prise Salz
3 EL Butter zum Einfetten der Form und zum Überglänzen am Ende
2–3 EL Grieß zum Ausstreuen der Form
Puderzucker zum Bestäuben

Pro Stück: 16 g E, 34 g Kh, 18 g F

Leichte Schokotorte

Für 1 Tortenform (ø 26 cm), 12 Stücke:

250 g dunkle Schokolade (etwa 70 % Kakaoanteil)

6 Eier

200 g Puderzucker oder feiner Kristallzucker

1 TL Zitronensaft

400 g Preiselbeerenkonfitüre

3 EL Rum oder Likör (ersatzweise Orangensaft)

1. Ofen auf 180 °C vorheizen. 200 g Schokolade kleinbrechen, im Wasserbad (oder in der Mikrowelle) verflüssigen, leicht abkühlen lassen.

2. Eier trennen. Eigelb und Zucker schaumig schlagen, separat Eiweiß mit Zitronensaft sehr steif schlagen. Die abgekühlte, noch flüssige Schokolade mit dem Eigelb-Zucker-Schaum verrühren, Eiweißmasse vorsichtig darunterheben.

3. Die Mischung in eine mit Backpapier ausgelegte Tortenform geben, im vorgeheizten Ofen etwa 35 Minuten backen.

4. Abgekühlt auf eine Tortenplatte stürzen. Preiselbeeren mit Rum verrühren, über die Torte streichen. Mit dem Sparschäler von der restlichen Schokolade Schokoraspeln herstellen, über die Torte streuen.

Pro Stück: 5 g E, 48 g Kh, 10 g F

Tipps: *Die Backzeit genau einhalten, damit die Torte innen saftig bleibt. Noch saftiger wird sie, wenn Sie vor dem Backen 100 ml Sahne unterrühren. Dann sollten Sie aber die Konfitüre sparsamer verwenden.*

Orangen- oder Ingwerkonfitüre anstelle von Preiselbeeren geben eine andere Note. Zwei TL Espressopulver im Teig und Kaffeebohnen als Garnitur machen sie zur Mokkatorte.

Karottentorte

1. Möhren putzen, waschen, schälen und grob reiben (bei der Küchenmaschine die mittlere Scheibe wählen).

2. Den Backofen auf 170 °C (Umluft: 150 °C, Gas: Stufe 2) vorheizen.

3. Eigelb, Zucker oder Honig und Zitronensaft mit dem Schneebesen weißcremig schlagen. Die geriebenen Möhren, Kokosraspeln, Mehl, Backpulver, Haselnüsse, Zimt sowie etwas Zitronenschale zufügen und alles gut mischen.

4. Das Eiweiß schnittfest schlagen und unter die Teigmasse heben.

5. Die Springform einfetten, den Teig einfüllen. Im vorgeheizten Backofen, 2. Schiene von unten, etwa 55 Minuten backen.

6. Nach dem Backen den Tortenrand mit einem spitzen Messer lockern. Den Springformrand lösen, die Torte auskühlen lassen.

Tipps: *Dekorativ, jedoch um einige Kalorien reicher, ist der Kuchen, wenn Sie ihn mit Puderzucker bestäuben oder mit einer Glasur aus 200 g Puderzucker, mit 2 bis 3 EL heißer Flüssigkeit (Wasser oder Saft) verrührt, bestreichen.*

Marzipanmöhren zur Dekoration stellen Sie so her: 150 g Marzipanrohmasse und 50 g Puderzucker verkneten, mit 1 bis 2 Tropfen Rote-Bete-Saft einfärben und kleine Möhrchen formen.

Für 1 Springform (ø 24–26 cm), 12 Stücke:
500 g Möhren
6 große Eier (Gr. L), getrennt
125 g Zucker oder Honig
abgeriebene Schale und Saft von 1 unbeh. Zitrone
200 g Kokosraspel
75 g Weizenvollkornmehl (bei Verwendung von Honig etwas mehr)
2 TL Backpulver
100 g Haselnüsse, gemahlen
1 Msp. Zimt
Fett für die Form

Pro Stück: 6 g E, 19 g Kh, 19 g F

Für 1 Springform (ø 26 cm), 12 Stücke:
8 Blatt Gelatine
100 g Butter
200 g Butterkekse
1 TL Pflanzenöl
500 g Magerquark
300 g Joghurt (3,5 % Fett)
150 g Zucker
80 ml Zitronensaft
200 g Schlagsahne
400 g gemischte Beeren (Himbeeren, Brombeeren, Heidelbeeren etc.)
Puderzucker zum Bestäuben

Waldbeerentorte mit Zitronenmousse

1. Gelatine in kaltem Wasser einweichen.

2. Butter in einem Topf schmelzen. Kekse in einen Gefrierbeutel füllen und mit einer Teigrolle zerbröseln. Keksbrösel und Butter mischen und verkneten.

3. Springform mit Öl auspinseln. Bröselteig in die Form geben und mit den Händen fest andrücken. Keksboden im Kühlschrank ca. 30 Minuten kalt stellen.

4. In der Zwischenzeit Quark, Joghurt, 150 g Zucker und Zitronensaft mit den Schneebesen des Handrührgerätes glatt rühren. 2 EL Creme in einen kleinen Topf geben und bei niedriger Hitze erwärmen. Gelatine ausdrücken und in der Creme auflösen, mit der übrigen Creme mischen. Sahne mit den Schneebesen des Handrührgerätes steif schlagen und unter die Zitronencreme rühren.

5. Beeren verlesen, waschen und auf Küchenpapier abtropfen lassen. Einige Beeren zum Garnieren beiseitelegen. Übrige Beeren auf den Bröselboden geben, die Zitronenmousse darüber verteilen und vorsichtig glatt streichen. Torte ca. 2 Stunden kalt stellen.

6. Mit einem langen dünnen Messer den Rand der Torte aus der Springform lösen, den Ring öffnen und abheben. Torte auf eine Kuchenplatte heben, in Stücke schneiden und mit den übrigen Beeren garnieren. Mit etwas Puderzucker bestäuben.

Pro Stück: 9 g E, 31 g Kh, 15 g F

Kalte Stracciatella-Kirsch-Torte

1. Für den Boden die Zwiebäcke und Nüsse zerkleinern. Die Butter schmelzen und mit Honig und Kakaopulver zur Bröselmasse geben, nochmals kurz hacken, bis eine gleichmäßige Masse entsteht. Diese mit einem Löffel auf dem Boden der Springform verteilen und andrücken.

2. Die kalte Schokolade in Späne hobeln. Die Kirschen abtropfen lassen.

3. Quark, Joghurt, Öl und Agavendicksaft mit dem Handrührgerät aufschlagen. Unter ständigem Rühren die Kaltgelatine einrieseln lassen. Anschließend die Kirschen und die Schokospäne vorsichtig unterziehen.

4. Die Creme in die Form auf dem Boden verteilen und für mindestens 2 Stunden in den Kühlschrank stellen, bis die Creme fest ist. Dann den Ring lösen und die Torte in 8 kleine Stücke teilen.

Pro Stück: 8 g E, 12 g Kh, 7 g F

Für 1 Springform (ø 18 cm), 8 Stücke:

2 Zwiebäcke

30 g Pecannüsse

1 EL Butter

1 EL Honig

1 TL gesüßtes Kakaopulver

40 g Zartbitterschokolade

200 g Schattenmorellen

300 g Magerquark

150 g fettarmer Joghurt

1 EL Rapsöl

2 EL Agavendicksaft

1 Pckg. Kaltgelatine

⏱ 45 Min. + 50 Min.
🔥 410 kcal pro Stück

Sachertorte mit Cassis

Für 1 Springform (ø 26 cm), 12 Stücke:

Teig

250 g Schokolade, dunkel
(etwa 50 % Kakaoanteil)

30 g Butter

6 Eier

180 g Zucker

100 g Mehl

1 TL Backpulver

200 g Johannisbeergelee

150 ml Cassis

Glasur

150 g Schokolade, dunkel

1 EL Butter

50 g Sahne

Pro Stück: 7 g E, 46 g Kh, 22 g F

1. Backofen auf 180 °C vorheizen. Backpapier über den Boden der Springform spannen. Die Schokolade in kleinen Stücken mit der Butter schmelzen (am besten im Wasserbad).

2. Eier trennen, die 6 Eiweiße mit 1 Prise Salz steif schlagen, dabei nach und nach 130 g Zucker dazugeben, zum Schluss das Mehl mit Backpulver. In einer zweiten Schüssel die 6 Eigelbe mit 50 g Zucker aufschlagen, bis eine weißliche Creme entsteht. Die jetzt zimmerwarme Schokoschmelze unter die Eiercreme rühren. Dann erst etwa ein Drittel der Eiweiß-Mehl-Mischung vorsichtig daruntergeben, schließlich den Rest.

3. Teig in der Form glatt streichen, etwa 50 Minuten backen, auskühlen lassen. Nach 10 Minuten den Kuchen umdrehen und stürzen, sodass der Boden zur Oberfläche wird. Ausgekühlt waagrecht durchschneiden, am besten mit einem um den Boden gelegten Zwirn.

4. Das Johannisbeergelee erhitzen, eine Hälfte davon über die untere Bodenhälfte streichen. Dann über die Oberfläche der oberen Bodenhälfte (ehemals Boden) erst esslöffelweise Cassis geben, etwas später das restlichen Johannisbeergelee.

5. Für die Schokoglasur die Schokolade in Stücken im Wasserbad mit etwa 1 EL Butter schmelzen. 50 g Sahne kurz aufkochen, mit der Schokoschmelze verrühren, bis sie glänzt. Über die Torte streichen.

Tipps: *Der gebackene Boden wird umgedreht, weil er so oben eine glattere Fläche bietet, die Saft, Sirup oder Likör zudem besser aufnimmt.*

Kein Likör im Haus? Machen Sie Ihren eigenen Vanillelikör. Kochen Sie 100 g Zucker mit 80 ml Wasser, 2 Vanilleschoten sowie 4 EL Rum auf.

Mäusetorte

⏲ 30 Min. + 40 Min.
🔥 550 kcal pro Stück

1. Für den Boden Müsli (oder Cornflakes) mit der geschmolzenen Butter und der Nussnougatcreme verrühren, in die Springform drücken.

2. Ofen auf 180 °C vorheizen. Für den Biskuit Eier trennen, die Eiweiße mit 1 Prise Salz steif schlagen, dabei 100 g Zucker einrieseln lassen. Die Eigelbe mit 4 EL heißem Wasser und dem restlichen Zucker aufschlagen. Mehl, Backpulver und Stärke mischen, nach und nach unter die Eigelbmasse geben, danach den Eischnee. In eine mit Backpapier ausgespannte Springform füllen, auf mittlerer Schiene 20 bis 30 Minuten backen. Auskühlen lassen, aus der Form lösen, den Biskuit umdrehen, einmal waagerecht durchschneiden. Den unteren Teil auf den kalten Müsliboden drücken.

3. Für die Füllung Bananen in Scheiben schneiden, auf dem ersten Biskuitboden verteilen. Sahne mit Zucker (eventuell Sahnefestiger) steif schlagen, bis auf 5 EL über das Obst verteilen. Den zweiten Boden daraufsetzen, Oberfläche und Seiten mit der restlichen Sahne bestreichen.

4. Eilige Bäcker legen die gekaufte Marzipandecke über die Torte. Sonst 300 g Marzipan mit 70 g Puderzucker und käsegelber Speisefarbe verkneten und – unter Klarsichtfolie – zu einer Decke ausrollen. Für die „Löcher" im Käse 100 g Marzipan mit 30 g Puderzucker verkneten, orange färben. Ausrollen, Kreise ausstechen und auf der Decke andrücken.

5. Für 12 Mäuse zweimal 100 g Marzipan mit je 30 g Puderzucker und Farbe nach Wunsch verkneten. Zu einer Rolle formen, in je 7 Teile teilen. 12 sind für die Mäuse: je eine Kugel mit spitzer Schnauze formen, mit dem Zahnstocher Augen stechen, Mandelblätter als Ohren einsetzen. Aus dem Rest 12 Mäuseschwänze rollen, an den Mäusepopo drücken.

Tipp: Dosenobst oder tiefgekühlte Früchte müssen gut abtropfen, damit der Biskuit nicht durchweicht.

Für 1 Springform (ø 26 cm), 12 Stücke:

Boden

150 g Knuspermüsli (oder Cornflakes)

75 g Butter, geschmolzen

80 – 100 g Nussnougatcreme

Biskuit

5 Eier

200 g Zucker

100 g Mehl

2 TL Backpulver

100 g Stärke

Füllung

3 Bananen oder anderes Obst

400 g Sahne

50 g Zucker

evtl. 1 Pckg. Sahnefestiger

Dekoration

600 g Marzipan (oder 1 Marzipandecke plus 300 g Backmarzipan)

130 g Puderzucker

Speisefarben

einige Mandelblätter

Pro Stück: 8 g E, 67 g Kh, 26 g F

Kürbistorte – pikant

Für 1 Tarte- oder Springform (ø 26 cm), 8 Stücke:

Teig

250 g Mehl (Type 550)

125 g Butter

1 Ei (Gr. M)

Belag

1 kg Kürbisfleisch

3 Zwiebeln (150 g)

2 EL Butter

100 g scharfes Mangochutney

1 Ei (Gr. M)

Salz

Chilipulver nach Geschmack

Pro Stück: 6 g, 28 g Kh, 19 g F

1. Alle Zutaten für den Mürbeteig mit dem Handrührgerät (Knethaken) in einer Schüssel mischen, mit den Händen verkneten, eine Kugel formen, flach drücken und in Frischhaltefolie gewickelt 30 Minuten kühl stellen.

2. Den Backofen auf 200 °C (Umluft: 180 °C, Gas: Stufe 3 ½) vorheizen.

3. Inzwischen das Kürbisfleisch von der Schale und den weichen inneren Faserteilen mit Kernen befreien. Das Kürbisfleisch auf einer Rohkostreibe grob raspeln.

4. Den Teig auf einer leicht bemehlten Arbeitsfläche – etwas größer als die Tarte- oder Springform – ausrollen. Die leicht gefettete Form mit dem Teig auslegen und dabei einen etwa 2 cm hohen Rand formen. Den Boden mehrmals mit einer Gabel einstechen, damit er sich nicht wölbt, und im vorgeheizten Backofen, mittlere Schiene, 10 Minuten vorbacken.

5. Inzwischen die Zwiebel abziehen, fein schneiden. Butter in einer Pfanne erhitzen, die Zwiebeln darin glasig werden lassen.

6. Das Kürbisfleisch, Mangochutney, abgekühlte Zwiebeln und Ei in einer Schüssel mischen. Mit Salz und Chilipulver abschmecken, die Masse auf dem vorgebackenen Boden verteilen und im vorgeheizten Backofen, 2. Schiene von unten, weitere 25 Minuten backen.

7. Zum Anrichten die Tarte in Stücke schneiden und warm servieren.

Tipp: *Das Chutney können Sie fertig kaufen oder selbst zubereiten: 500 g Mango, 250 g Äpfel schälen und in Stücke schneiden. Zusammen mit 1 zerkrümelten Chilischote, 125 ml Wasser, 300 g Zucker, 100 g Sultaninen, je 1 Prise gemahlener Nelken, Muskatnuss und ¼ TL Ingwerpulver in einem Topf bei schwacher Hitze 30 Minuten zugedeckt kochen lassen. 6 EL Weißweinessig unterrühren. Noch 10 Minuten offen köcheln, 100 g Zucker und 1 EL Maraschino unterrühren. In Schraubgläser füllen, verschließen, sofort umdrehen und 5 Minuten auf dem Deckel stehen lassen.*

REGISTER

IMPRESSUM

© 2013 Stiftung Warentest, Berlin

Stiftung Warentest
Lützowplatz 11–13
10785 Berlin
Telefon 0 30 / 26 31–0
Fax 0 30 / 26 31–25 25
www.test.de
email@stiftung-warentest.de

USt.-IdNr.: DE136725570

Vorstand: Hubertus Primus
Weiteres Mitglied der Geschäftsleitung:
Dr. Holger Brackemann (Bereichsleiter Untersuchungen)

Programmleitung: Niclas Dewitz

**Die Rezepte stammen aus den folgenden Titeln
der Stiftung Warentest:** Karin Iden: „Das neue Koch-
buch durchs Jahr"; Vera Herbst, Dagmar von Cramm:
„Gut essen bei erhöhtem Cholesterin"; Vera Herbst, Dagmar
von Cramm: „Gut essen bei Gicht"; Astrid Büscher,
Bettina Weniger: „Gut essen bei Laktoseintoleranz"; Martina
Meuth, Bernd Neuner-Duttenhofer: „Kochwerkstatt";
Vera Kaftan, Dorothee Lennert: „Sehr gut backen"; Vera
Kaftan, Dorothee Lennert: „Sehr gut kochen"; Christian
Soehlke, Dorothee Lennert: „Sehr gut mediterran kochen";
Lena Elster, Thomas Askan Vierich: „Sehr schnell kochen";
Dagmar von Cramm: „Die einfache Landhausküche";
Lena Elster, Dorothee Lennert: „Yummy Mami".
Zusätzliche Rezepte, Foodstyling: Max Faber, Berlin

Projektleitung: Friederike Krickel
Mitarbeit: Karsten Treber
Zusätzliche Nährwertberechnungen:
Astrid Büscher, Hamburg
Korrektorat: Hartmut Schönfuß, Berlin
Gestaltung, Art Direction, Layout: Axel Raidt, Berlin
Bildnachweis: Nicole Fortin, Berlin (25, 79, 87, 92, 96,
103, 111, 123, 146, 157); Knut Koops, Berlin (20, 43, 61,
77, 82, 89, 113, 127); Peter Schulte, Hamburg (3, 5, 14,
26, 28, 30, 31, 34, 37, 49, 53, 57, 64, 68, 71, 88, 91, 95,
107, 112, 128, 133, 134, 138, 141, 148, 150, 153, 154);
Philipp Horak, Wien (17, 41, 54, 84, 100, 119, 124, 142);
Martina Meuth (21, 60, 115); Gianni Plescia, Berlin (13, 80,
108, 116, 120, 137, 145); Nicky Walsh, Berlin (2, 9, 10, 11,
18, 22, 33, 42, 44, 45, 46, 50, 51, 58, 62, 63, 67, 72, 75,
83, 105, 149); Ulrike Holsten, Hamburg (156); Axel Raidt,
Berlin (3, 31, 36, 39, 59, 73, 86, 101, 117, 125, 131, 136,
147); fotolia (7, 52, 94, 99, 121); iStock (2, 15, 26, 27, 47,
106, 139, 144); thinkstock (2, 3, 19, 32, 81, 93, 109).

Produktion: Vera Göring
Verlagsherstellung: Rita Brosius (Ltg.), Susanne Beeh
Druck: Grafisches Centrum Cuno GmbH & Co. KG, Calbe

ISBN: 978-3-86851-077-5